Numeri Primi

•

13

Jennifer Guerra

IL CORPO ELETTRICO

Il desiderio nel femminismo che verrà

TLON

Jennifer Guerra
Il corpo elettrico. Il desiderio nel femminismo che verrà

Progetto grafico
Caterina Ferrante

Editing
Matteo Trevisani

Redazione
Laura Fantoni, Maria Elena Marrocco

ISBN: 978-88-99684-70-9

La citazione dei versi de *Io canto il corpo elettrico* in quarta di copertina è tratta da *Foglie d'erba e Prose*, Einaudi, Torino 1950, traduzione di Enzo Giachino.

INDICE

A mia sorella

I sing the body electric,
The armies of those I love engirth me and I engirth them,
They will not let me off till I go with them, respond to them,
And discorrupt them, and charge them full with the charge of the soul.

Was it doubted that those who corrupt their own bodies conceal themselves?
And if those who defile the living are as bad as they who defile the dead?
And if the body does not do fully as much as the soul?
And if the body were not the soul, what is the soul?

W. Whitman, I Sing the Body Electric, *1855*

PREMESSA

I'm every woman, it's all in me
Chaka Khan, I'm Every Woman

«Quello che riguarda un solo corpo di una sola donna nel mondo riguarda tutte le donne».

È una frase che mi sono ripetuta come un mantra ogni volta che ho cercato di non ignorare la storia di uno stupro, di un aborto, di una visita dal ginecologo di un'amica, di una pillola del giorno dopo negata. Ogni volta che mi sono sforzata di capire, di andare più a fondo per comprendere quelle dinamiche legate al corpo *queer* a me così estranee eppure così vicine.

Questo libro nasce in un momento politico e sociale complesso, in un giorno in cui sento il bisogno di prendere parte a qualcosa, di fare un'azione significativa. Se chiudo gli occhi, in questo momento vedo un mondo in fiamme: vedo governi sempre più autoritari e repressivi, proteste di piazza che scuotono tutto il mondo, persone sempre più frustrate da una società che sembra aver perso ogni parvenza di serenità e condivisione. Ho paura, e ho paura che per me e le mie sorelle cominci un abbrutimento, un'abitudine alla paura. Ho pensato alle cose che potrebbero toglierci: i diritti, su cui bisogna sempre vigilare e che non bisogna mai dare per scontati, i soldi – e quelli figuriamoci –, le libertà.

Ma c'è una cosa che non potranno mai toglierci: il corpo. Il corpo pieno, desiderante e straripante, il «corpo elettrico», come diceva Walt Whitman. Questa strana, meravigliosa macchina dove tutto è in lotta e allo stesso tempo in equilibrio.

Il corpo delle donne, a prescindere da cosa abbiano in mezzo alle gambe, è il corpo per eccellenza. Chris Kraus nel suo meraviglioso romanzo *I Love Dick* dice una cosa importantissima: «Per me il semplice fatto che le donne parlino, siano paradossali, inspiegabili, volubili, autodistruttive, ma soprattutto pubbliche, è la cosa più rivoluzionaria del mondo».[1] Il concetto di "pubblico" sembra la cosa più estranea che ci sia al nostro corpo, che siamo abituate a pensare nella sua forma privata e personale. Ma in realtà i nostri corpi non sono semplicemente nostri: c'è sempre un'autorità con cui dobbiamo fare i conti. Sono esposti, regolamentati, sfruttati, ingabbiati, scherniti, giudicati, toccati. E per questo sono un terreno politico, uno spazio fisico dove possiamo giocarci la nostra rivoluzione. Per anni le donne hanno fatto politica tramite il loro corpo, battagliando sul diritto all'aborto, sul riconoscimento dell'identità trans, sulla tutela dalla violenza di genere. Così facendo hanno reso il loro corpo pubblico, come mai prima era stato fatto.

È necessario ripartire dal corpo, il bene che nessuno può toglierci. Questo è il mio corpo, che non offro in sacrificio per nessuno. Questo è il nostro corpo, tanti corpi che ne fanno uno solo.

[1] C. Kraus, *I love Dick*, Neri Pozza, Milano 2017, p. 222.

NOTA ALLA TRADUZIONE

Questo libro non è, ovviamente, tratto da una lingua straniera. Ma è necessario, come quando ci si trova di fronte a un testo che qualcuno si è fatto carico dell'onere di *trans-ducere*, specificare quali scelte ho fatto quando mi sono resa conto che scrivere un libro sul corpo delle donne è un'impresa più ardua di quanto pensassi.

Primo, perché mi trovo davanti all'obbligo di confrontarmi, esattamente come fa un traduttore, con un linguaggio che pone dei limiti e delle convenzioni. E ogni scelta linguistica è una scelta politica. Ho cercato di rendere con le parole la complessità e la diversità degli aspetti che riguardano noi donne, tentando di includere tutte e tutti. Ci saranno dei momenti in cui avrò fallito nel rendere questa complessità, avrò compiuto scelte linguistiche che qualcuno potrà trovare banali, se non addirittura offensive, o mi sarò dimenticata di usare un termine inclusivo. Di questo, mi scuso in anticipo.

Secondo, perché io stessa nello scrivere della famosa "condizione della donna", non faccio altro che scrivere di qualcosa che mi tocca da vicino, da vicinissimo. E la mia condizione si traduce in alcune pratiche, pregiudizi, deformazioni, storture, certezze che non aspiro a fare universali ma che non posso fare altro che usare come metro di paragone, perché per quanto ci si sforzi si è sempre costretti a partire da sé, dal proprio vissuto, dalla propria esperienza. E il mio vissuto è quello di una ragazza giovane, bianca, istruita, di classe medio-bassa, con un lavoro nella famigerata industria culturale. Non è quello di una ragazza migrante appena sbarcata a Lampedusa, né quello di una top manager che ha studiato in Bocconi, né quello di una donna lesbica attiva nei circoli LGBTQ+. Cosa vorrà dire essere una donna migrante, una manager o una lesbica non lo saprò mai, né saprò mai tradurre con le parole le bellezze e le sofferenze di queste storie così diverse dalla mia. Darò per scontate questioni che qualcuno riterrà fondamentali, insisterò su altre che potrebbero far sbuffare. Non aspiro a universalizzare quello che non è altro che personale, ma questo è un libro che parla anche di autocoscienza, e spero che possa essere d'aiuto nel riconoscersi in una narrazione.

Terzo, perché questo libro non è un libro di teoria, ma un libro di prassi. Come non voglio (o almeno cerco di non) universalizzare la mia esperienza, così non voglio fare dottrina o elevare questi miei pensieri a un programma ideologico.

Così, ho tradotto al meglio che ho potuto la mia coscienza privata per farne coscienza politica.

Capitolo 1
Il personale è politico

Il corpo delle donne è sempre stato un oggetto privato. Dagli assorbenti passati dalla compagna di banco con sotterfugi e giochi di mano che farebbero invidia a uno spacciatore, alle misteriose formule magiche con cui eludiamo tutto ciò che ruota intorno al nostro stato di salute ("le mie cose", "sono un po' indisposta", "ha un brutto male", "in quei giorni"), il corpo nella sua estensione fisica diventa una sorta di fantasma, con cui preferiamo confrontarci solo nello specchio di camera nostra, nel camerino, tutt'al più dal medico. Eppure, di corpi di donne ne vediamo ogni giorno, a migliaia, di ogni forma e dimensione: sono quelli che incrociamo per strada e quelli delle *influencer* di Instagram, sono quelli dei film e quelli delle pubblicità dello yogurt.

I corpi sono sette miliardi, come le persone sulla Terra, e i corpi delle donne sono circa la metà, tre miliardi e mezzo. Ciascuno di essi è sottoposto a tensioni e stimoli diversi. A volte sono stimoli positivi, passi in avanti, salti di gioia. Altre volte sono limitazioni alla nostra libertà e individualità, gabbie in cui veniamo messe o muri che ci erigiamo intorno da sole. I nostri corpi sono vivi nel mondo e il mondo li condiziona e li modifica: portando in giro i nostri corpi, accettiamo di interagire con esso. Li rendiamo, in un certo senso, *pubblici*.

Negli anni Sessanta un vecchio slogan femminista diceva che il "personale è politico". Questa idea viene da un pamphlet scritto nel 1969 da Carol Hanisch, quindi da quello che convenzionalmente viene chiamato "femminismo storico" o "femminismo della seconda ondata". Come una marea, la storia dei femminismi si suddivide convenzionalmente in varie ondate: la prima ondata coincide con la fine del XIX secolo e l'inizio del XX e con le lotte, soprattutto nel mondo anglosassone ma anche in Italia, per il diritto al voto. Con il suffragio avvenne anche un generale miglioramento delle condizioni sociali delle donne, che poterono accedere, in vari Paesi occidentali, a un'istruzione, a salari più adeguati e alle libere professioni. La seconda ondata corrisponde invece alla grande stagione del femminismo che va dagli anni Sessanta agli anni Ottanta. In quest'epoca vennero a galla tutti quegli aspetti della vita personale di una donna di grande impatto sul piano sociale e politico, come la sessualità, la gravidanza e la maternità. Oggi questa suddivisione cronologica è stata messa in discussione per due validissime ragioni.

La prima è che categorizzare in maniera così netta la storia delle donne significa separarla dalla cosiddetta "storia con la S maiuscola", come se le donne non vi fossero coinvolte.

La seconda è che la teoria delle ondate dà l'idea che il movimento delle donne non sia organico, ma frammentato. In realtà le questioni che hanno caratterizzato ciascuna ondata si riverberano e si intersecano anche in quelle seguenti. E infatti sono qui a parlarvi degli anni

Settanta. In ogni caso, per ragioni di chiarezza, anche io mi adeguo a usare questa divisione.

Carol Hanisch coniò il suo slogan in risposta alla chiusura che i vari movimenti libertari, come quello per i diritti civili e quello pacifista, mostravano nei confronti delle donne, i cui problemi e rivendicazioni venivano considerati di minore importanza rispetto alla causa perché "personali". Scriveva Hanisch:

> Come donna di un movimento, sono stata spinta a essere forte, altruista, aperta verso l'altro, pronta al sacrificio, e in generale in controllo della mia vita. Ammettere i problemi nella mia vita è ritenuto debole. Quindi io voglio essere una donna forte, in termini di movimento, e non ammettere che ho dei problemi reali a cui non riesco a trovare una soluzione personale [...]. È a questo punto un'azione politica dirlo così com'è, dire ciò che penso realmente della mia vita anziché ciò che mi hanno sempre detto di dire.[2]

Le sue parole risuonarono per tutta la stagione femminista degli anni Settanta, spingendo le donne del neonato Women's Liberation Movement a organizzarsi in spazi autogestiti, all'interno dei quali potevano parlare liberamente di tutto ciò che le riguardava da vicino, partendo da ciò che meglio conoscevano: la propria esperienza. Questi gruppi autorganizzati e privi di gerarchia o statuto, detti gruppi di "autocoscienza", erano frequentati da persone di tutte le età, dalle liceali alle nonne. Si parlava soprattutto di sesso, di mestruazioni, di parto,

[2] C. Hanisch, *Women of the World, Unite! Writings*, www.carolhanisch.org, 1969.

di salute mentale, di fantasie sessuali, di contraccezione e di aborto. Fino a quel momento le donne raramente avevano spazi per poter parlare fra loro.

L'autocoscienza fu, innanzitutto, un tentativo di costruire una coscienza collettiva che per troppo tempo era stata negata: non solo di sé, al di là dei ruoli prestabiliti di moglie e madre, ma anche di classe: le donne si scoprirono e si definirono un "soggetto politico". L'idea che il personale fosse politico generò nuove forme di attivismo che andavano dal rifiuto di lavare i piatti alle manifestazioni in piazza per l'accesso alla contraccezione. Per la prima volta le donne divennero consapevoli del proprio genere come segmento sociale all'interno di un'istituzione ben definita e definibile: il patriarcato, l'oppressore che riuscirono a individuare proprio percependosi oppresse. Questo le dotò di tutti gli strumenti per organizzarsi politicamente come un corpo di azione e rivendicazione. Tale progresso fu possibile grazie a un passaggio obbligato: rendere visibile la sfera privata.

Ritrovarsi in circolo, scambiarsi informazioni sulle proprie esperienze significava rendere pubblico – dapprima in un *safe space* e poi di fronte al mondo intero – quello che era sempre stato taciuto. In piedi, sdraiate sui tappetini da yoga, a casa di qualcuno, nella palestra del liceo o alla sede del partito. A gambe all'aria e senza reggiseno o vestite di tutto punto, le donne si rendevano conto per la prima volta di avere un corpo, il proprio, che era uguale e diverso da quello della sorella, dell'amica, della vicina di casa o della sconosciuta. Si tastavano seni, si osservavano peli, si misuravano fianchi e si studiava. Si appuntava ogni cosa, con l'intenzione di creare una cultura che fosse accessibile a tutte le donne, anche quelle estranee al gruppo. Da alcune di queste esperienze collettive nacquero contributi importantissimi per la liberazione e la formazione della donna, come il leggendario volume *Our Bodies, Ourselves*, scritto dal Boston Women's Health Book Collective. La premessa di questo libro è ancora oggi incredibilmente valida e significativa:

> Immaginate una donna che cerchi di fare un lavoro e di avere un rapporto paritetico e soddisfacente con altre persone, ma intanto si sente fisicamente debole, perché non ha mai tentato di essere forte; esaurisce tutta la sua energia cercando di cambiare faccia, figura, capelli, odore, cercando di uniformarsi a qualche modello ideale stabilito dalle riviste, dai film, dalla televisione; si sente disorientata e si vergogna del sangue mestruale che ogni mese fluisce da qualche oscuro recesso del suo corpo; sente i processi interni al suo corpo come un mistero che viene a galla solo come fastidio (una gravidanza non voluta o un cancro cervicale); non capisce o non le piace il sesso e concentra le sue energie sessuali in romantiche fantasie senza scopo, strapervertendo e facendo cattivo uso della sua potenziale energia perché è stata educata a negarla. Se impariamo a capire, ad accettare, a essere responsabili della nostra identità fisica, possiamo liberarci da alcune di queste preoccupazioni e possiamo cominciare a fare uso delle nostre energie disinibite. L'immagine che abbiamo di noi stesse avrà una base più solida, saremo migliori come amiche e come amanti, come persone; avremo più fiducia in noi, più autonomia, più forza, saremo più complete.[3]

[3] The Boston Women's Health Book Collective, *Noi e il nostro corpo. Scritto dalle donne per le donne*, Feltrinelli, Milano 1974, p. 13.

Ben presto le idee emerse all'interno dei gruppi di autocoscienza si trasformarono nella volontà di aiutare le donne più concretamente: il collettivo Jane, ad esempio, forniva un servizio di interruzione di gravidanza, al tempo illegale, dapprima mettendo in contatto le donne con il personale medico, e poi arrivando a praticarla loro stesse, dopo aver scoperto che uno dei loro dottori di punta aveva mentito sulle sue reali referenze. Jane sfidava direttamente il potere dando visibilità a una procedura che per secoli era stata eseguita in silenzio. E, questo, rendendo il corpo delle donne uno strumento politico, attuando una forma di resistenza al potere patriarcale, sopperendo a una mancanza istituzionale. Oggi le traiettorie del femminismo si sono complicate in modi che le attiviste di un tempo non avrebbero potuto nemmeno immaginare. Lo Stato, proprio in virtù di quella opposizione politica, ha riconosciuto molte tutele alle donne, come ad esempio il diritto all'aborto o l'accesso alle operazioni di riassegnazione chirurgica del sesso. Questo però ha avuto anche un risvolto negativo per la lotta femminista: aumentando il controllo istituzionale sul corpo delle donne, abbiamo delegato il nostro personale alla gestione dell'istituzione. La stessa cosa che negli anni Settanta le femministe contestavano alle leggi di tutela per le donne lavoratrici, che delegavano la conciliazione tra lavoro salariato e lavoro domestico non retribuito allo Stato, rendendo la donna incapace di sceglier per sé. Così le nostre "energie disinibite" di cui parlava la prefazione di *Our Bodies, Ourselves* sono state soppresse in favore del controllo dei nostri corpi, del nostro spazio, del nostro tempo.

Un esempio molto chiaro di questo spostamento del personale verso l'istituzionale è l'educazione sessuale. Attraverso l'osservazione diretta dei corpi durante l'autocoscienza, la scolarizzazione sempre più diffusa e una nuova e rampante generazione di studentesse di medicina, infermieristica e diritto che mettevano a disposizione le nozioni apprese, tutte le donne potevano finalmente disporre di conoscenze prima di allora inaccessibili. Oggi l'educazione sessuale è perlopiù affidata all'istituzione scolastica o familiare, che però non è sempre detto abbia la formazione e le conoscenze giuste per dotare le persone degli strumenti necessari, non solo per imparare la definizione di "utero" o di "clamidia", ma anche per vivere una vita sessuale sana, appagante e inclusiva di tutte le identità e gli orientamenti sessuali.

Nel 2016 l'associazione britannica per la lotta contro i tumori ginecologici The Eve Appeal[4] ha condotto una ricerca scoprendo che solo il 35% delle donne inglesi sa attribuire i nomi corretti alle parti anatomiche femminili, mentre metà delle partecipanti non sa identificare l'immagine di una vagina. Moltissime donne non conoscono la differenza tra vulva e vagina, oppure ignorano addirittura l'esistenza dell'uretra e sono convinte di urinare dalla vagina. In Italia studi sulla consapevolezza anatomica delle donne non sono mai stati condotti, ma di sicuro non possiamo aspettarci risultati molto diversi. L'Italia infatti è uno dei pochi Paesi dell'Unione Europea (accanto a Bulgaria, Cipro, Lituania, Polonia e Romania) in cui non è obbligatorio per le scuole fornire

[4] The Eve Appeal, eveappeal.org.uk.

lezioni di educazione sessuale. Le motivazioni di questa resistenza all'educazione sessuale sono diverse, ma il principale ostacolo, secondo il rapporto del 2013 *Policies for Sexuality Education in the European Union*,[5] è la resistenza della Chiesa cattolica. Nonostante papa Francesco si sia dimostrato più aperto all'insegnamento dell'educazione alla sessualità rispetto al predecessore nell'Esortazione apostolica *Amoris laetitia*,[6] l'Italia non sembra minimamente intenzionata ad affrontare l'argomento. E così il corpo delle donne resta quella scatola misteriosa e intoccabile che è stata per millenni. Come possiamo usare le nostre "energie disinibite" se non ci siamo mai date un'occhiata alla vagina, se non sappiamo che forma, consistenza, odore o sapore abbia? Come possiamo dirci libere se non sappiamo da che buco esce la pipì? Come possiamo fare la rivoluzione se non rendiamo visibile il nostro privato?

Mentre delegavamo l'educazione sessuale alle istituzioni non interessate o incapaci di fornircene una, il nostro concetto di "privato" cambiava. Dopo gli anni Settanta – decennio, assieme a quello precedente, di grandi lotte e grandi scoperte – c'è stata una battuta d'arresto nell'autocoscienza del corpo femminile. È come se dopo la grande stagione del *desiderio*, così come la battezzò la femminista italiana Lia Cigarini,[7] d'improvviso si sia tornati verso una chiusura nei confronti di tutto ciò che

[5] Parlamento europeo, "Policies for Sexuality Education in the European Union", www.europarl.europa.eu, gennaio 2013.

[6] La Santa Sede, Esortazione apostolica postsinodale "Amor Letitia", w2.vatican.va, ultima cons. 11 agosto 2018.

[7] L. Cigarini, *La politica del desiderio*, Pratiche Editrice, Parma 1996.

riguarda il corpo delle donne. Costruire una coscienza aveva significato riconoscere la natura pulsante del sé, la propria autonomia e la propria capacità non solo di sentire il mondo, ma anche di comprenderlo. È stata la scoperta del proprio desiderio e della sua natura necessariamente politicizzata, se accettiamo l'idea che il personale (la coscienza) sia politico. Delegando la coscienza all'istituzione, pensando che l'oppressore (il sistema patriarcale) si fosse finalmente accorto di noi e delle nostre esigenze personali, abbiamo lasciato che il desiderio si depoliticizzasse.

Così in breve tempo il personale si è trasformato in individuale. Abbiamo scoperto il sesso, l'abbiamo fatto e questo ci è bastato. Non era importante come avvenisse. Ci siamo limitate a individuare un problema che, per usare un termine caro al femminismo degli anni Settanta, si chiama "differenza sessuale". Abbiamo cioè notato che il modo in cui uomini e donne vivevano la sessualità era inconciliabile. Noi sempre misurate, caste, timorate. Loro sempre tracotanti, esagerati, virili. Questa differenza ha cominciato a pesare, ma per le ragioni sbagliate. Siamo volute diventare come gli uomini. Siamo cadute nella trappola separatoria che vuole le donne da una parte e gli uomini dall'altra, come su due binari paralleli destinati a non incontrarsi mai. È stato un errore di calcolo. Abbiamo pensato che se avessimo cominciato a comportarci come gli uomini ci saremmo finalmente liberate. Il nostro personale è diventato un soddisfacimento egoistico di tutto ciò che abbiamo desiderato e non abbiamo mai avuto, contrariamente a quello che hanno avuto i nostri fratelli, i nostri amici o i nostri compagni. Ma questa differenza sessuale non basta a renderci più unite, più forti, più consapevoli. Anzi, serve solo a separarci. Separarci dagli uomini e separarci tra di noi. L'individualismo ci ha rese perennemente schiave della competizione, che si manifesta nei modi più subdoli, e quasi sempre in direzione del corpo. Non solo ci accapigliamo per essere le più belle del reame, ma anche le amanti più capaci (a far godere il maschio), addirittura le partorienti più brave (ci sono donne che fanno a gara vantandosi della propria rapidità nel travaglio). In questa dicotomia abbiamo deciso di escludere con consapevolezza tutte quelle individualità non binarie che in questo schema non trovano posto. Perse a rincorrere l'oro olimpico di *vere* donne, intente a mettere paletti tra brave e cattive femmine, abbiamo sacrificato l'individualità sull'altare dell'individualismo. E abbiamo fatto un casino.

Celebrare il personale come la realizzazione della nostra individualità è stato l'abbaglio più grosso dei femminismi, perché ha completamente cancellato la dimensione politica della nostra lotta che, come ho detto, deve rendere visibile l'invisibile, e invece si è concentrata solo sulla sua dimensione che è già sotto agli occhi di tutti. Questo ha permesso al sistema patriarcale non solo di continuare a esistere e a prosperare, ma addirittura di appropriarsi delle nostre rivendicazioni. Valori che un tempo erano considerati propri della "natura femminile" e che abbiamo impiegato anni a decostruire (come il sacrificio di sé) sono diventati nuovi paradigmi dell'*empowerment* capital-femminista. Siamo pronte ad applaudire, come una vittoria del nostro intero genere, una top manager che lavora cinquanta ore a settimana e ad ammirare il suo spirito di sacrificio. Riconosciamo il suo successo individuale come una vittoria globale, magari ignorando quale sia stato il prezzo di questo successo – spesso lo sfruttamento di una manodopera sottopagata nei Paesi in via di sviluppo o la violazione dei diritti dei lavoratori. Se un tempo la docilità femminile veniva considerata un valore positivo dal potere, oggi questa stessa docilità si è trasformata in un nuovo paradigma altrettanto opprimente, benché mascherato dall'idea che esso porti a una forma di "liberazione" o *empowerment* del tutto individuale. E così il potere non viene messo in discussione.

L'idea che il personale sia politico deve tornare a costituire la base del nostro operato. Ma non può però prescindere dalle trasformazioni che la nostra società ha subìto negli ultimi cinquant'anni. Come detto, la più importante è stata delegare certe istanze all'istituzione, depoliticizzando la nostra coscienza. Questo è avvenuto in un processo di volatilizzazione e frammentazione del politico, che è progressivamente diventato una categoria in cui molti fanno fatica a riconoscersi. "Lasciamo fuori la politica" è una bugia che ripetiamo di continuo, forse con il convincimento che la politica sia una cosa sporca, da corrotti e da impuri, che sia lontana dalla nostra vita pratica, che appartenga solo a chi la fa di professione. Ma tutto quello che facciamo, dalla spesa al supermercato ai film che guardiamo, dal fare figli al mettere *like* alle foto di gattini su Facebook è un deliberato atto politico. Il nostro corpo fa parte di un meccanismo politico più grande di noi che ci condiziona, ma che noi stesse

– con la nostra coscienza – possiamo condizionare a nostra volta.

Il femminismo storico ha colmato un'assenza istituzionale, creando degli strumenti collettivi che le donne hanno potuto utilizzare in mancanza di un intervento dello Stato. Ha creato una rete politica che interveniva, prima di tutto, nel perimetro del corpo, insegnando alle donne come conoscerlo e prendersi cura di esso. Per farlo ha dovuto dotarsi di strumenti tecnologici, alcuni dei quali sono diventati simboli di quella lotta. Uno su tutti, lo speculum, che in un celebre libro di Luce Irigaray diventò il paradigma della liberazione femminile. Lo speculum rendeva visibile quello che fino a quel momento era stato celato: la vagina. Il mistero dei misteri, il buco ripiegato su di sé. Lo speculum rese visibile l'invisibile, favorendo quel processo di universalizzazione della sfera privata. Altri strumenti tecnologici furono utilizzati dalle femministe e messi a disposizione delle donne: i ciclostili per stampare i manifesti, i contraccettivi meccanici e farmacologici, i dispositivi per praticare le interruzioni volontarie di gravidanza, il tiralatte, gli assorbenti, le terapie ormonali per la transizione.

Oggi la tecnologia ci dà la possibilità di rendere visibile ogni aspetto della nostra vita e questo non può non porci di fronte a un interrogativo inedito: la nostra visibilità ci libera o ci opprime? La forza delle donne è sempre stata quella di costruire delle reti alternative al potere. Lo spazio digitale ci mette a disposizione una piattaforma per raccontare le nostre esperienze in un'enorme autocoscienza globale che ci unisce e, soprattutto, rende manifesto, a tutte le latitudini e in pochissime frazioni di secondo, il nostro corpo invisibile. Oggi in molti danno per certa la frammentazione del movimento femminista, un processo considerato ormai irreversibile. Ma dobbiamo ragionare in termini più ampi e pensare alle potenzialità del femminismo non tanto come movimento, quanto piuttosto come filosofia politica. Se consideriamo la rete la nuova piattaforma dell'autocoscienza, non possiamo negare che nel mondo milioni di donne si confrontino sulle proprie esperienze di vita, sia in *safe space* che in luoghi aperti, chiedano consigli, ne diano ad altre donne, reperiscano informazioni sui loro diritti. Facendo questo, ragionano sulle potenzialità, i limiti, i condizionamenti e le libertà del proprio genere: *fanno* il femminismo, più che *essere* femministe. Carol Hanisch dice che l'azione politica è dire le cose come stanno, «dire ciò che penso davvero della mia vita anziché cosa mi hanno sempre detto di dire».[8] E internet non è forse il luogo più adatto per farlo?

Il mondo digitale è spesso visto come il luogo naturale della proliferazione di immagini falsate, ultranarcististiche e individualistiche del sé. Questo certamente accade, ma non possiamo nemmeno impedire che internet diventi uno strumento politico o, ancora peggio, pensare che internet sia uno strumento intrinsecamente cattivo per la visibilità del nostro corpo invisibile. Molte femministe hanno espresso queste stesse perplessità: internet, e in particolare i social media, tendono a glorificare il sé, a banalizzare la lotta, a personalizzarla. È in parte vero, ma queste stesse critiche si potrebbero muo-

[8] C. Hanish, *op. cit.*

vere all'autocoscienza degli anni Settanta: il privato che si raccontava nei circoli non è tanto diverso dal privato che si racconta su Facebook. Si può concludere che l'autocoscienza non dipende dai metodi, ma dai risultati. Internet è un metodo al pari dello speculum, e l'innegabile risultato è che a oggi la pratica femminista è più in forma che mai, con le sue correnti, le sue contraddizioni e le sue spaccature. Ma le ragazze ci sono, e soprattutto ci sono i loro desideri e i loro corpi.

Per trasformare il personale in politico con la pratica del *desiderio*, non si può prescindere dalla parola. La parola è la prima modalità dello scambio e lo scambio è la prima modalità del politico. Attraverso il linguaggio, siamo in grado di dare una forma e un nome al nostro desiderio. Ciascuno ha, dentro di sé, un'idea di mondo che spera si realizzi nel proprio interesse e in quello degli altri. Per quanto i femminismi possano divergere tra loro, c'è un desiderio che tutti hanno in comune, ed è la realizzazione della potenzialità delle donne secondo ciò che esse chiedono. E poiché, come ho detto, il nostro corpo è un soggetto politico ed è un tramite tra noi e il mondo, diventa anch'esso un linguaggio: porta su di sé, nelle singole persone e collettivamente, i segni della nostra identità, del nostro vissuto e delle nostre scelte. Dei nostri desideri. Per questo è fondamentale che le donne parlino tra loro, con qualunque mezzo. È fondamentale che diventino amiche, alleate, sorelle. Anche la sorellanza è un vecchio mito femminista. Le donne sono da sempre oppresse perché gli uomini hanno creato intorno a loro una rete impenetrabile di rapporti – soprattutto economici – da cui la donna è sistematicamente esclusa. Gli uomini sono da sempre uniti, compatti, una forza e una voce sola. Le donne invece sono sempre state isolate nella loro singolarità. Costrette entro le mura domestiche, hanno sempre fatto fatica a creare delle alleanze fra di loro che non fossero quelle con le proprie madri, figlie o sorelle biologiche.

Questo le ha rese mute.

Il silenzio è in gran parte responsabile dell'aura di inaccessibile mistero che circonda il nostro corpo. La parola "sorellanza" può far ridere qualcuno. Può ricordare la vita delle suore – che non per niente significa "sorelle". La vita religiosa (non solo cristiana) è stata una delle prime occasioni per le donne di costituire un gruppo sociale omogeneo e distinto, dove potessero incontrarsi e parlare tra loro. In poche parole, diventare amiche. L'altra occasione era quella della prostituzione, dove la rete femminile, seppur fortemente gerarchizzata, era fondamentale per la sopravvivenza di tutte. In entrambi i gruppi il tema del corpo non poteva che essere centrale. Eloisa si lamenta con Pietro Abelardo della Regola di san Benedetto, che «fu scritta solo per gli uomini»: è inconciliabile con lo stile di vita delle monache, soprattutto per quanto riguarda «le tuniche o gli altri indumenti di lana che devono essere portati sulla pelle, del tutto inadatti alle perdite mestruali femminili».[9] Possiamo immaginare che prima di rivolgersi all'abate, la badessa Eloisa avesse discusso con le consorelle dell'eterno problema delle mestruazioni, una questione poco celeste e molto terrena.

Costruire una sorellanza, uscire dalle ormai simboliche cucine, unirsi per chiedere all'abate il diritto all'i-

[9] Eloisa e Abelardo, *Lettere*, Feltrinelli, Milano 2017, pos. 1635

giene mestruale non è per niente facile. Questo perché costruiamo la nostra identità proprio sulla base di quella divisione tra pubblico e privato che dobbiamo provare ad abbattere. Cercare di unire le due sfere, o meglio, di plasmare l'una in favore dell'altra, ci pone di fronte a delle dinamiche per le quali dobbiamo essere pronte a riconoscere la nostra fetta di privilegio. L'individualismo e la parità sono i frutti della repressione subita nell'ordine sociale simbolico, due strade ugualmente percorribili. Da che parte vogliamo stare? Sole o con le nostre sorelle? Sfruttare la nostra repressione per cavalcare l'onda del privilegio o trasformarla in potere collettivo?

"Uguaglianza" e "parità" sono due concetti che si intersecano, ma che non sono sovrapponibili. Confondere le due cose è stato l'errore del passato: ci siamo illuse che saremmo potute diventare *uguali* agli uomini, e abbiamo scelto come punto di partenza quella differenza sessuale che tanto sembrava renderci speciali. Il primo femminismo, quello della fine dell'Ottocento, si era per necessità concentrato sull'uguaglianza, perché la parità non era contemplabile in un ambiente in cui le donne erano praticamente invisibili: le donne – che non avevano diritti civili, politici o anche solo umani – volevano essere e si ritenevano uguali agli uomini. D'altronde vivevano all'alba dello Stato moderno, dove sembrava che la società non si sarebbe più strutturata sulle differenze tra gli uomini, ma sulla loro uguaglianza. Partecipare a questa uguaglianza, avere voce in capitolo, era l'obiettivo primario delle femministe: far sì che il suffragio, pensato dagli uomini ed esteso ai soli uomini, diventasse *davvero* universale. Nel secondo femminismo c'è stato un ripensamento in merito a queste posizioni e si è preferito invece porre l'accento sulla differenza, cioè su ciò che ci rendeva diverse, e non indistinguibili, dagli uomini. Il fulcro del discorso allora è stato trovato nella sessualità e nella maternità. La sessualità differente delle donne, ancora al servizio del patriarcato, andava liberata e rivendicata.

Abbiamo però commesso l'errore di intendere questa differenza nell'ambito di una norma rigidamente eterosessuale, e quindi patriarcale. I maschi di qua, le femmine – quelle speciali – di là. Abbiamo sfruttato la differenza per ergerci su un piedistallo che ci eguagliasse agli uomini, pur volendo mantenere due categorie ben separate e distinte, due binari paralleli che non si incontrano mai. Proprio come nell'età vittoriana, quando i maschi e le femmine dovevano vivere nelle due "separate sfere". L'uguaglianza, a differenza della parità, rischia di appiattire ogni differenza e, quindi, di cancellare ogni soggettività. Ogni corpo è diverso ed è nella diversità che risiede la nostra forza. Questa differenza non deve essere un pretesto per isolarci gli uni dagli altri in fazioni opposte. Il limite del femminismo della seconda ondata è stato, a mio parere, proprio quello di concentrarsi troppo sulla differenza, alzando barricate di cui ancora oggi paghiamo le conseguenze.

Non credo sia giusto negare ogni differenza e ritenerci uguali agli uomini. La differenza sessuale va sì rivendicata, ma come un valore aggiunto e non come un muro da erigere per separarci da tutto quello che è "non femminile". I nostri corpi, almeno a livello biologico, sono innegabilmente diversi da quelli maschili, ma questo non significa che la nostra differenza sessuale basti a regalarci un'identità, un *passe-partout* di "donna" che possiamo sventolare allegramente quando ci fa comodo, né che si debba dimostrare di avere tutte quante gli stessi genitali per avere il patentino di donne. Questo perché pensare all'identità come dato di fatto naturale e neutrale, è impossibile. È chiaro invece che ci troviamo di fronte a una costruzione sociale che, in quanto tale, non è affatto immutabile. Lo dimostra la fluidità del genere di cui finalmente possiamo parlare in libertà.

Per un certo periodo è sembrato che le teorie *queer*, volessero cancellare ogni differenza fra i generi e negare la differenza sessuale *tout court*. Ma non è così. Innanzitutto, non dobbiamo pensare alle teorie *queer* come a una sostituzione del femminismo o a una sua deriva. Le persone *queer* sono sempre esistite e non sono spuntate fuori solo quando Judith Butler le ha sistematizzate nei suoi studi. Inoltre, i *queer studies* non suggeriscono affatto la distruzione o l'appiattimento del genere, ma la distruzione o, ancora meglio, la decostruzione delle norme di genere. Le stesse norme di genere che anche i femminismi si prefiggono di abbattere. Allora più che della sola identità, possiamo cominciare a parlare *delle* identità, più che di differenza possiamo cominciare a parlare *delle* differenze. Possiamo allora pensare alla differenza come a un'energia che è dentro a ciascuno di noi – se vogliamo il vecchio *desiderio* degli anni Settanta – e che possiamo utilizzare per far scattare la scintilla di un discorso più ampio e includente, dove maschile e femminile non sono più categorie predefinite, ma tendenze che possiamo abbracciare o respingere liberamente. In questo il personale può nuovamente essere politico.

Secondo Marx, il corpo fisico e il corpo politico sono un'unità esistenziale inseparabile. I cambiamenti fondamentali della società hanno luogo soltanto mediante la coltivazione del nostro potenziale di esseri corporei: i sensi – non solo i cinque sensi, ma tutti, quindi i nostri corpi – costituiscono il nucleo dell'esistenza.[10] Persino nel mondo capitalistico, che vorrebbe ridurci a contenitori (la "forza lavoro"), esistiamo in quanto singoli corpi che assieme formano un corpo politico. E per Marx è fondamentale che il corpo stia *bene* affinché sia corpo utile. Come Eloisa che chiede tuniche più morbide per conciliare la preghiera con le mestruazioni, così noi dobbiamo pretendere che la salute, il ben-essere siano alla base delle nostre vite. E per fare questo dobbiamo riappropriarci dei nostri corpi, conoscerli a fondo e conoscere le leggi che li regolano e li costringono. Ma conoscere anche gli altri, capirli, accoglierli.

Il *Manifesto di Rivolta Femminile* del 1970 cominciava con una citazione di Olympe de Gouges, una drammaturga francese vissuta al tempo della Rivoluzione: «Le donne saranno sempre divise le une dalle altre? Non formeranno mai un corpo unico?».[11] Olympe aveva pubblicato la *Dichiarazione dei diritti della donna e della cittadina* con una dedica alla regina Maria Antonietta e per questo era stata denunciata dalle donne repubblicane nel 1792 e ghigliottinata nel 1793. Il *Manifesto di Rivolta Fem-*

[10] K. Marx, *Manoscritti economico-filosofici del 1844*, www.marxists.org, dicembre 2007.

[11] C. Lonzi, C. Accardi, E. Banotti, *Manifesto di Rivolta Femminile*, www.cicipeciciap.org, luglio 1970.

minile era invece stato pubblicato dall'omonima rivista e affisso sui muri delle strade di Roma. Era stato redatto dalle scrittrici Carla Lonzi ed Elvira Banotti e dalla pittrice Carla Accardi. L'idea di base del Manifesto, che si aggancia alla pratica dell'autocoscienza, è che si doveva partire da sé per avere una relazione con le altre donne. Le donne avrebbero dovuto praticare l'autocoscienza tramite il dialogo. Era una vera e propria teoria del linguaggio, come ha spiegato la filosofa Adriana Cavarero. Si tratta di un linguaggio contestuale (perché legato alla pratica) e relazionale (perché ha senso solo quando si lega alla voce di tutte le altre donne). Il linguaggio, come ho sottolineato poc'anzi, è la prima modalità dello scambio politico:

> Esso mostra che la singolarità di ognuna, pur avendo bisogno della presenza delle sue simili per significarsi, si radica nella pratica della relazione, piuttosto che nella categoria di somiglianza. Una prima fase, caratterizzata dall'empatia, che tende a scambiare la somiglianza per un'uguaglianza indistinta che tutte abbraccia e confonde nel significante Donna, lascia così significativamente il posto a una fase più matura in cui si sottolinea come la significazione del sé di ognuna si strutturi in relazioni puntuali che implicano differenze e disparità.[12]

E per le femministe del *desiderio*, erano proprio queste "differenze e disparità" a costituire la colonna portante del riconoscimento individuale e politico. Negli ultimi

[12] A. Cavarero, F. Restaino, *Filosofie femministe*, Mondadori, Milano 2002, p. 98.

anni c'è stata una sorta di grande ammenda. La parola *desiderio* è sparita da programmi e manifesti, così come parlare di differenze e disparità è diventato un tabù. Si è diffusa la convinzione che la differenza debba essere necessariamente qualcosa di negativo, qualcosa che serve solo a dividere le donne e a categorizzarle. Per comodità e per paura di creare ulteriori divisioni in un gruppo già storicamente molto diviso si è preferito parlare delle donne come di un blocco unico, caratterizzato dalla stessa uniformità sociale e di pensiero. Peccato che questo blocco sia formato quasi solo esclusivamente da donne bianche, eterosessuali e cis appartenenti alla classe media che hanno monopolizzato il discorso femminista escludendo tutte le altre forme di differenze e disparità che sono ancora in cerca di legittimazione.

Non possiamo lasciare che il desiderio di una diventi il paradigma di tutte, ma possiamo far sì che i desideri di tutte diventino la nostra lotta condivisa.

Ripartiamo dal *desiderio* personale e trasformiamolo in *desiderio* politico. Torniamo a parlare tra di noi, ma stiamo ben attente a non rendere il nostro pubblico un gineceo privato. Usiamo la nostra differenza per reclamare unione e forza. Un corpo da solo non va molto lontano. Un corpo politico invece va anche più lontano della luna.

Capitolo 2

Contenuti e contenitori

L'*habitual body monitoring*, il monitoraggio abituale del corpo, è la tendenza di una donna a pensare costantemente al modo in cui appare. Non si tratta semplicemente di un pensiero passeggero, ma di un'idea martellante e ossessiva che riguarda il modo in cui quel certo rotolino di grasso deborda dalla sua pancia, il fatto che tutti i presenti nella stanza stanno senza ombra di dubbio guardando quella strisciolina di peli sul ginocchio che le è sfuggita durante la ceretta, il modo in cui le stanno i capelli mentre corre sul tapis roulant in palestra. Una donna compie il monitoraggio abituale del corpo ogni trenta secondi circa. Lo sappiamo benissimo. Siamo in casa da sole, in pigiama, e l'occhio ci cade sulla pancia. Anche se nessuno ci sta guardando, la tiriamo dentro istintivamente.

Non c'è momento della giornata in cui non compiamo il monitoraggio abituale del corpo. Forse solo la notte è immune, quando siamo immerse nel sonno più profondo, ma quante volte ci è capitato di sognare situazioni in cui eravamo in imbarazzo per il nostro aspetto? Ovviamente, il monitoraggio è molto comune anche durante il sesso, perché in quella circostanza ci mostriamo nude davanti al nostro o alla nostra partner, con tutti i difetti bene in vista. Ma in quel momento dovrebbe davvero importarcene qualcosa? Non potremmo semplicemente goderci una serata di sesso senza pensare al nostro tessuto adiposo? Di questa ossessione per l'immagine riflessa ne ha parlato con efficacia la professoressa associata dell'Occidental College Caroline Heldman, durante una Ted Talk del 2013 a San Diego, intitolata *The Sexy Lie*. Non riusciamo a essere pienamente coinvolte nell'atto sessuale perché ci preoccupiamo di come appariamo in quella circostanza, se la luce in quel momento ci mette in evidenza i buchi della cellulite o se in quella posizione le nostre gambe sembrano più grosse. È come se vivessimo il sesso da spettatrici esterne, piuttosto che da protagoniste. Questo conduce a una serie di disfunzioni sessuali e rende più difficile raggiungere l'orgasmo, perché ci convinciamo che sia possibile fare del sesso di qualità (per l'uomo, ovviamente) solo se si è l'oggetto sessuale perfetto (sempre per l'uomo). Secondo la studiosa, il monitoraggio abituale del corpo è una conseguenza della continua oggettificazione sessuale a cui è sottoposto.

Sul tema dell'oggettificazione sono state spese moltissime parole, ma mai abbastanza. Caroline Heldman ne dà una definizione molto precisa: «È la rappresentazione o la considerazione di una persona come un oggetto sessuale che sia al servizio del piacere altrui».[13] L'oggettificazione sessuale – che colpisce anche gli uomini, ma riguarda più specificamente le donne – si manifesta in

[13] C. Heldman, *The Sexy Lie: Caroline Heldman at TEDxYouth@SanDiego*, www.youtube.com, 20 gennaio 2013.

diverse circostanze. Non solo nella cosiddetta pubblicità sessista, quando per promuovere un trapano inseriscono una bella donna nuda che non ha alcuna correlazione con il mondo del bricolage, ma anche nei video musicali, nel cinema, nelle riviste, nelle serie TV, nei videogiochi e persino nei romanzi. Vi è mai capitato di guardare un innocentissimo film e vedere una scena in cui l'attrice di turno è in lingerie o vestita in modo provocante senza che ce ne sia una reale necessità ai fini dello svolgimento della trama? Non avete mai notato come i personaggi femminili dei videogiochi o le supereroine siano quasi sempre abbigliati in modo sexy (contro ogni logica funzionale, ad esempio portando i tacchi, i capelli sciolti o le minigonne) quando invece i personaggi maschili sono corazzati dalla testa ai piedi o indossano un costume decisamente più comodo? Heldman ha compilato un test di sette domande da porsi per capire se ci si trova di fronte a un caso di oggettificazione sessuale:

1. L'immagine raffigura solo alcune parti del corpo della persona sessualizzata?

2. L'immagine presenta la persona sessualizzata come sostituta di un oggetto?

3. L'immagine mostra la persona sessualizzata come intercambiabile [con altre persone, NdA]?

4. L'immagine trasmette l'idea della violazione dell'integrità corporea della persona sessualizzata, e quella persona non può esprimere il suo consenso?

5. L'immagine suggerisce che la disponibilità sessuale della persona sia la caratteristica che la definisce?

6. L'immagine mostra la persona sessualizzata come un bene, come qualcosa che può essere comprato e venduto?

7. L'immagine mostra il corpo della persona sessualizzata come una tela?[14]

L'esempio più classico e diffuso e il primo che ci viene in mente quando parliamo dell'oggettificazione del corpo delle donne è quello della pubblicità. Oggi sono stati fatti alcuni passi avanti in direzione di un maggiore rispetto delle donne nella pubblicità e molte agenzie hanno introdotto linee guida o codici etici per evitare le pubblicità sessiste, ma in realtà la situazione non è molto cambiata rispetto a una decina di anni fa, quando la pubblicità era un *far west* di offese, stereotipi o anche del più semplice cattivo gusto. Anzi, in un certo senso, con la moltiplicazione e la diversificazione delle forme di pubblicità, le immagini sessiste sono diventate sempre più sfuggenti e complesse da definire. Ad esempio, come dobbiamo considerare un post sponsorizzato su Instagram di un prodotto qualsiasi con un'immagine che mostra una donna nuda o quasi, se il post in questione è stato caricato da un'*influencer*? Dove lo collochiamo in un'ipotetica scala di oggettificazione sessuale se è stata una donna, consapevolmente, a postarlo e a farsi complice di quella oggettificazione? Oppure, come ci

[14] Ivi.

sentiamo quando vediamo una pubblicità che mostra una donna grassa ma comunque sessualizzata? Forse quest'immagine ci farà indignare di meno rispetto alla classica rappresentazione di una modella taglia 38, perché consideriamo la rappresentazione di una donna non magra come un'azione positiva ed encomiabile, per alcuni addirittura femminista. Così il fatto che si tratti di un'oggettificazione sessuale passa in secondo piano.

Nonostante mobilitazioni, campagne di sensibilizzazione e addirittura azioni legali intraprese da vari enti femministi e non contro la cosiddetta pubblicità sessista, il mondo dell'*advertising* non solo trova soluzioni sempre più ingegnose per continuare a introdurre donne nude senza che ve ne sia una reale necessità, ma anzi sembra sordo a qualsiasi critica e, talvolta, difende a spada tratta le proprie scelte. Spesso una pubblicità sessista viene giustificata con l'assunto che il sesso vende. Come osserva Heldman, però, moltissima di questa pubblicità (specialmente quella del settore moda) è paradossalmente rivolta a donne eterosessuali, che non sono eroticamente interessate a gambe, seni e glutei nudi di altre donne e che non si fanno abbindolare da un po' di carne in mostra. I pubblicitari di certo non sono stupidi e non farebbero mai una cosa che possa andare contro i propri interessi, mostrando immagini poco interessanti per il segmento di mercato a cui sono rivolte. Ma allora perché si usa l'oggettificazione sessuale anche per vendere alle donne? La risposta è che nella maggior parte dei casi le donne studieranno il corpo in questione in ogni minimo dettaglio, forse per trovarvi un difetto che renda la modella più "umana" e *relatable*, o forse semplicemente perché cominceranno a mettere a confronto quel corpo perfetto con il proprio, pensando alle mille differenze che vi intercorrono. In ogni caso osserveranno a lungo l'immagine pubblicitaria, che rimarrà così ben impressa nella loro memoria.

La radice dell'oggettificazione sessuale è quello che nell'ambito della critica cinematografica viene chiamato *male gaze*, lo sguardo maschile. Il termine è stato introdotto dalla critica femminista Laura Mulvey nel 1975 per identificare tutte quelle narrazioni in cui lo sguardo è dominato dal piacere maschile, ovviamente proiettato su un'immagine eroticamente stimolante e stereotipata della donna. Scrive Mulvey:

> In un mondo dominato dallo squilibrio tra i sessi, il piacere del guardare è stato suddiviso tra l'attivo/maschile e il passivo/femminile. Lo sguardo maschile [*male gaze*] determinante proietta la sua fantasia sulla figura femminile che è stilizzata a piacere. Nel loro tradizionale ruolo esibizionista, le donne sono simultaneamente guardate e mostrate nella loro apparenza codificata al fine di avere un forte impatto visuale ed erotico, così da potersi dire di connotare la loro "guardabilità".[15]

Il nostro valore, insomma, dipenderebbe esclusivamente dalle attenzioni che lo sguardo maschile ha per noi. Il *male gaze* ovviamente non è solo una questione di cinema, ma riguarda ogni aspetto della nostra esistenza. Lo sguardo dominante non è maschile solo nei media,

[15] L. Mulvey, "Visual Pleasure and Narrative Cinema", in L. Braudy, M. Cohen, *Film Theory and Criticism: Introductory Readings*, Oxford University Press, Oxford 1999, pp. 833-44.

ma condiziona azioni, relazioni, stili di vita. Il mondo è a misura di maschio, e noi donne sentiamo sempre il dovere di correggerci di conseguenza, calibrando i nostri gesti per conformarci o, al massimo, essere il meno scomode possibile. La nostra società è così ossessionata dall'immagine e dall'apparenza che, va da sé, uno dei fattori su cui sentiamo maggior pressione sia il nostro aspetto fisico. Anche quando abbiamo una relazione appagante e accanto un uomo o una donna che ci ama e a cui piacciamo, non saremo mai sufficientemente rassicurate sul nostro aspetto. È una condizione involontaria, che non ha tanto a che fare con delle esperienze dirette, come ad esempio il commento di un collega sul nostro peso o una frecciatina sul make-up da parte di un parente, ma soprattutto con tutti i condizionamenti che viviamo in modo passivo e che si radicano dentro di noi. Durante il sesso, come detto, anziché concentrarci sul nostro piacere, ci concentriamo sul modo in cui il nostro partner ci vede in quel momento, o meglio sull'immagine che gli stiamo offrendo e che siamo convinte lui o lei avrà stampata nella testa. È forse una tra le forme più negative del monitoraggio abituale del corpo, perché compromette l'esperienza sessuale e, quindi, il nostro piacere. Ma allora perché lo facciamo anche in una stanza piena di donne, sapendo che nessun uomo in quel momento ci sta guardando? Oppure perché scannerizziamo ogni centimetro di una modella seminuda che pubblicizza cialde del caffè? È la conseguenza estrema dello sguardo maschile: ci mette in competizione fra di noi. Come spiega Caroline Heldman,

> Vediamo l'attenzione maschile come il Sacro Graal della nostra esistenza, ingigantendolo, e così facciamo a gara con le altre donne per la nostra autostima, perché la vediamo come una risorsa esauribile, una preziosa risorsa esauribile. Andiamo alle feste, e sappiamo dove collocarci nell'ordine di rimorchio delle ragazze carine. Quando un'altra donna acquista valore nel diventare un oggetto sessuale, ci fa stare male con noi stesse.[16]

È difficile parlare di competizione femminile senza cadere in un discorso retorico e stereotipato. Molto spesso quando dialogo con le mie amiche femministe mi rendo conto che la competizione è una condizione che tendiamo a negare, perché ci piace pensare che un gruppo di donne non sia necessariamente un pollaio di galline che si beccano l'una con l'altra.

Negare che la competizione esista, a mio parere, è un po' ingenuo. La competizione è qualcosa che dobbiamo riconoscere senza vergogna. Quello che è sbagliato, però, è viverla come una colpa atavica, come un peccato originale. È una tensione a cui siamo sottoposte in continuazione, in modo quasi involontario. Se accettiamo l'ipotesi di Caroline Heldman, è l'oggettificazione a metterci le une contro le altre e non una qualche innata propensione femminile verso il rancore o la frivolezza, argomentazione sulla quale per moltissimo tempo hanno campato i misogini. Come femminista, rigetto l'immagine di competizione come pollaio. Non si tratta di istinto, non si tratta di natura, non c'è alcun odio innato

[16] C. Heldman, *op. cit.*

fra le donne. Come femminista e donna, riconosco che la competizione esiste ed è feroce, ma ne attribuisco la causa a un condizionamento esterno e patriarcale che si chiama "misoginia interiorizzata", e che colpisce molti aspetti delle nostre vite. Non smetterò mai di credere che tutto ciò che è storico e artificiale possa essere mutato. L'oggettificazione e la competizione tra donne sono tra queste cose. Non dobbiamo fare ammenda per la competizione fra le donne, ma dobbiamo affrontarla nel modo più razionale possibile. Frasi come "le prime nemiche delle donne sono le donne" sono pericolose, perché sottintendono che questa condizione sia inevitabile e immodificabile. Continuando a evitare la sorellanza con l'idea, ad esempio, che l'amicizia fra donne non esista o che lavorare in un team di sole donne sia impossibile, non scopriremo mai se la sorellanza funziona veramente. Un'altra formula molto diffusa, pronunciata da noi donne o dagli uomini che pensano di farci un complimento, come "Non sono/sei come tutte le altre", si basa su questa narrazione tossica, perché sottintende che "tutte le altre" siano schiave di un'uniformità comportamentale da cui noi ci sentiamo in dovere di prendere esplicitamente le distanze. Dobbiamo, invece, liberare il nostro potenziale di amiche, sorelle, alleate, riconoscere che siamo tutte soggette alle stesse forze e alle stesse difficoltà.

Non è facile per una donna riconoscere in che misura sia condizionata dall'oggettificazione sessuale. Questo perché il fatto che esistiamo per essere guardate – dai maschi che ci desiderano e dalle femmine che ci giudicano – lo diamo talmente per scontato che nemmeno facciamo caso al fatto che ci stiamo auto-trasformando in soprammobili, dimenticando di essere innanzitutto delle persone. A pensare e a farci riflettere non dovrebbe tanto essere il tempo che passiamo ogni mattina a guardarci allo specchio o davanti all'armadio a scegliere i vestiti, ma il modo in cui associamo la bellezza al successo, alla realizzazione personale o addirittura alla felicità. Quante volte abbiamo pensato che se avessimo qualche chilo in meno, un naso più dritto o un seno più prosperoso, la nostra vita sarebbe migliore? E che trattamento riserviamo, in questo senso, alle donne famose? Che siano showgirl o prime ministre, notiamo gambe storte o caviglie gonfie, facciamo subito caso a un outfit sbagliato o a una foto in costume infelice. Quando il corpo in questione non ha niente "che non va", l'opinione pubblica ne parla lo stesso, come se le donne fossero solo dei corpi ambulanti, senza altri orizzonti di esistenza se non quelli fisici. Abbiamo discusso per mesi delle gambe di Brigitte Macron, vi risulta che qualcuno abbia mai parlato di quelle di Emmanuel Macron? I media certamente fanno gran parte del lavoro, sempre pronti a dare la pagella al fisico in bikini di una ministra paparazzata al mare o sbattendo in prima pagina una foto un po' impietosa dell'attrice del momento. Con l'avvento di internet ora abbiamo capito che questo atteggiamento non è di certo appannaggio di giornali o TV, ma che si è subdolamente insinuato nel nostro linguaggio, nel nostro modo di pensare, nella nostra reazione di fronte a qualsiasi immagine che ritragga una donna. Non il suo corpo, semplicemente una donna. Ognuno di noi non aspetta altro che riversare tutto l'odio che ha sul profilo social della figura pubblica che osa ingrassare, dimagrire, vestirsi sciatta, vestirsi troppo elegante, partorire, non partorire, ammalarsi, mostrare il corpo, non mostrarlo mai. E questo solo sulla base di presunzioni e assunzioni aprioristiche. La cosa, ovviamente, non si ferma al virtuale perché, per quanto pensare il contrario sia molto più rassicurante, vita reale e vita virtuale hanno ampi margini di sovrapposizione.

I commenti alle fotografie di Instagram di una qualsiasi donna famosa sono il ricettacolo dell'*hate speech*. In Italia questo termine viene spesso tradotto con la formula "incitamento all'odio", che nel nostro Codice penale rappresenta un reato. Traducendo così quest'espressione, però, si perde il suo significato originale: l'*hate speech* non incita a un odio che verrà, ma è già intriso d'odio di per sé. Osservando il termine da un punto di vista strettamente linguistico, si può notare che *hate* non è un attributo di *speech*, ma un'apposizione. Non è quindi il discorso a essere odioso (altrimenti, più correttamente, si sarebbe chiamato *hateful speech*), ma è l'odio a farsi discorso. Sembra una sottigliezza, ma questa interpretazione ci permette di porre l'*hate speech* su un altro piano: l'odio non è mai una conseguenza, ma una causa. Infatti, l'*hate speech* sul corpo delle donne è immotivato. Perché dovremmo provare odio nei confronti di chi non ci reca alcun danno? Pensiamo alla cattiveria con cui si scagliano contro le persone grasse, giudicando presunti "stili di vita" senza sapere nulla delle loro vite personali.

È come se le donne vivessero in un perenne stato di polizia del corpo, e qualsiasi cosa non rispetti la norma rappresentasse un reato o, forse, un peccato. I corpi difformi ci offendono perché pensiamo che debbano necessariamente corrispondere a un ideale spesso impossibile, sempre escludente e limitante: quello delle donne belle, bianche, magre e abili. Anche quando sembra che abbiamo imparato a fregarcene, che viviamo un rapporto sereno ed equilibrato con noi stesse e il nostro corpo, ecco che siamo assalite dai sensi di colpa per aver mangiato troppo a pranzo o dal tormento che qualcuno ci stia guardando e giudicando. Permettiamo che siano dei follicoli minuscoli, dei brufoletti o dei buchi sulle gambe a comandare le nostre vite. Lo dice anche la scrittrice e giornalista Laurie Penny: «Diciamo alle ragazze che non hanno il diritto di conquistarsi i loro spazi nel mondo e poi siamo confusi quando smettono di mangiare».[17] Alle donne viene continuamente trasmessa l'idea che se non aderiranno a quello standard irraggiungibile di bellezza e magrezza, non otterranno niente nella vita. Il mondo vuole delle donne trasparenti, che si facciano da parte per ritirarsi in una stanza privata in cui mortificare il proprio corpo finché non aderirà allo standard della perfezione. O collasserà. La stanza privata è quella del monitoraggio abituale del corpo. Un lavoro immenso, fisicamente e psicologicamente logorante, che ci trascina inesorabilmente verso l'autocensura e che sottrae tempo, risorse ed energie alla nostra dimensione pubblica. Si è parlato a lungo di come i media e l'oggettificazione sessuale influenzino negativamente le vite delle donne. Negli anni Novanta, quando lo stile *heroin chic* faceva da padrone sulle passerelle di moda di tutto il

[17] L. Penny, "Il mondo vuole delle donne trasparenti", «Internazionale», 11 marzo 2018.

mondo, si cominciò a discutere dell'immagine malsana che le modelle veicolavano come causa della spaventosa incidenza di anoressia nervosa tra le adolescenti. I due fenomeni vennero messi a stretto contatto e analizzati sotto molti punti di vista. Questo dibattito prese forma nel libro *Il mito della bellezza*[18] di Naomi Wolf, pubblicato nel 1991 e ancora oggi considerato un grande classico del pensiero femminista contemporaneo. Sebbene alcune statistiche citate nel saggio siano state smentite, resta valida l'idea che l'imposizione di un canone irraggiungibile provochi infelicità e frustrazione nelle donne. Forse dovremmo affrontare la questione in modo ancora più radicale di come fece Wolf. L'anoressia è tra le estreme e più evidenti conseguenze della pressione dovuta al raggiungimento della perfezione, che per fortuna interessa solo una piccola percentuale delle donne, ma non è l'unica. Ci accorgiamo dei danni dell'anoressia perché sono evidenti. Non li possiamo ignorare perché sono sotto ai nostri occhi. Quello che ci sfugge è che esistono molte più forme di malattia di quante ne possiamo vedere. Tutto in mezzo, c'è un mare di sconforto e di disagio, di prime forme di disturbi mentali, di giornate rovinate, di fiducia spezzata che colpisce più o meno gravemente, ma colpisce tutte.

Si parla spesso di come l'ideale di bellezza mortifichi l'autostima, con l'errore però di credere che per essere più serene basti "piacersi". Il problema, più che piacersi o meno, è il mettere in dubbio il proprio valore e le proprie capacità, alimentandosi della convinzione che la

[18] N. Wolf, *Il mito della bellezza*, Mondadori, Milano 1991.

qualità del nostro aspetto sia direttamente proporzionale alla qualità della nostra vita. È un discorso che va ben al di là della questione della magrezza e dell'anoressia. Che valore ci diamo in rapporto alla lunghezza delle nostre gambe? Alla grana della pelle? Alla perfezione del make-up? Facciamo sport per sentirci fisicamente meglio o solo per apparire più toniche? Curiamo la dieta per stare bene o solo per sembrare più magre? Consideriamo il nostro corpo – quello fisico, che abbiamo da quando siamo nate e che dipende in gran parte da fattori genetici, e quello potenziale, che potremmo ottenere un giorno grazie alla dieta, allo sport, al make-up o alla chirurgia plastica – alla stregua di bene economico che concorre alla nostra realizzazione personale. Il "capitale corporeo" che ognuna di noi ritiene di possedere in maniera più o meno estesa contribuisce a determinare il nostro successo ma soprattutto la percezione di questo. Sappiamo che l'aderenza alle norme sociali è un fattore cruciale per una vita lavorativa, sociale e affettiva soddisfacente. Tendiamo a trattare i nostri corpi come degli oggetti estranei, sacche di pelle di cui ci importa solo quello che si vede all'esterno, a cui attribuiamo un valore astratto. Eppure, di quello che succede all'interno, o del modo in cui esso condizioni anche il nostro esterno ci importa poco.

Spesso il femminismo tende a considerarsi superiore alla questione dell'estetica: una "vera" femminista non dovrebbe preoccuparsi del suo aspetto per non rimarcare ulteriormente il suo ruolo di genere, la femminilità imposta o la disponibilità sessuale e auspicare che tutte le donne seguano il suo esempio. Posto che una "vera" femminista – così come qualsiasi donna che pure non si definisca tale – può fare ciò che più l'aggrada, sminuire o ignorare la questione dell'estetica significa sminuire o ignorare una parte consistente dei problemi che una donna deve affrontare nel suo quotidiano. Non basta smettere di depilarsi per aver vinto contro il patriarcato: bisogna far sì che ogni donna si senta libera di depilarsi o meno e che non si senta giudicata per la presenza né tantomeno per l'assenza di peli. Fa più una femminista che posta una foto di un'ascella non depilata su Instagram o una femminista fresca di ceretta che partecipa a una marcia per la protezione dei diritti delle donne? Prendersi cura di sé non è un crimine o una colpa. Ce ne trasciniamo dietro già abbastanza.

Se la percezione del nostro corpo e il modo in cui essa viene distorta dai media modifica la percezione del nostro valore in quanto persone, anche l'estetica è una questione femminista. Se anche una sola bambina nel mondo si sentirà una nullità perché non accetta l'aspetto del suo viso o delle sue gambe, o della sua pancia, anche l'estetica è una questione femminista. Se la nostra società è disgustata dal corpo umano, anche l'estetica è una questione femminista. Ci viene richiesto di aderire a un canone che rappresenta solo una minuscola porzione delle infinite combinazioni che i nostri corpi possono creare e, una volta raggiunto o perlomeno avvicinato, ecco che subentrano i giudizi, i sensi di colpa. "Ma non hai altro a cui pensare oltre al trucco, alla dieta, ai vestiti?". Sì, i modi in cui vorrei strozzare chiunque faccia queste domande. Se non ti curi, non ti ami; se ti curi, sei troppo concentrata su te stessa; se non stai bene, non è mica la fine del mondo.

Quando si parla di autopercezione si parla anche di autorappresentazione. Il modo in cui pensiamo noi stesse corrisponde al modo in cui ci raccontiamo agli altri. La nostra immagine esteriore è il risultato della visione del sé che ci piace dare al pubblico, intersecata con il bisogno di esprimere la nostra personalità attraverso un immaginario di simboli e segni che pensiamo ci rappresentino. Indossiamo un certo vestito non solo perché ci piace esteticamente, ma anche perché ci piace l'immagine di noi stesse avvolte in quel determinato capo. Ci immaginiamo quello che un osservatore vedrà e conseguentemente penserà di noi abbigliate in un certo modo. Anche quando pensiamo di esserci sottratte a questa "visione esterna" in realtà non facciamo altro che offrire un'immagine precisa di noi stesse. Una persona che si veste in modo semplice e anonimo, seppur inconsciamente, vuole dimostrare l'estraneità alle pratiche della moda, magari per affermare le sue qualità interiori o uno stile di vita anticonformista, ma in realtà non sta facendo altro che restituire un'immagine di sé ugualmente pensata. A distruggerci è la mancata corrispondenza tra la nostra percezione e la rappresentazione femminile egemone e standardizzata. La donna che vediamo nelle pubblicità, nei film, sulle riviste e nei videogiochi è una rappresentazione così elaborata del concetto di "donna" da frustrarci in continuazione. Ed è una rappresentazione pensata per il *male gaze*, l'onnipresente sguardo maschile.

Facciamo un esempio. Negli anni Ottanta, quando le donne cominciarono ad accedere ai posti dirigenziali per secoli riservati ai maschi, si pose un problema inedito. Come si devono vestire le donne sul luogo di lavoro?

Prima le donne lavoratrici, fossero cameriere o segretarie, dovevano semplicemente comunicare sottomissione e docilità, e lo facevano attraverso gonne al ginocchio, camicette bianche e golfini ricamati. Poi però le dattilografe diventarono manager e dovettero far capire a tutti di essere loro nella posizione di comando. Il problema fu risolto con il cosiddetto *power dressing*, ovvero la versione femminilizzata del completo maschile. Quello dell'abbigliamento femminile aziendale è un problema di rappresentazione: come ci dobbiamo conciare, cosa dobbiamo sembrare perché i maschi ci prendano sul serio? Indovinate un po': da maschi. Come se non bastasse, sin dalla sua comparsa, il *power dressing* è stato rivestito da una certa carica erotica, diventando l'emblema di una femminilità forte e aggressiva. Il *power dressing* è nato per lo sguardo maschile – come strumento per essere riconosciute e prese sul serio dai lupi di Wall Street – e lo sguardo maschile stesso l'ha evoluto in oggetto erotico.

Anche negli ambienti in cui si è diffusa una moda aziendale *casual*, come nei colossi della tecnologia della Silicon Valley, non si sfugge al *male gaze* sul posto di lavoro.[19] L'abbigliamento rilassato dei lavoratori di Cupertino è lo sviluppo del cosiddetto *californian casual*, ovvero uno stile inventato dai maschi e per i maschi della penisola per differenziarsi dal rigore in giacca e cravatta delle aziende europee, prodotto dell'immaginario libertino delle spiagge californiane. Questo stile inedito doveva rappresentare una nuova forma di imprenditoria

[19] S. Segre Reinach, *Un mondo di mode. Il vestire globalizzato*, Laterza, Roma-Bari 2011.

giovane, rilassata e geniale. Ovviamente, un'imprenditoria esclusivamente maschile. Ma agli albori del *californian casual* nessuno avrebbe pensato che le donne a un certo punto sarebbero arrivate a rompere le scatole pure negli uffici di Apple. Le donne del settore *tech* si sono così ritrovate abbastanza confuse: dobbiamo vestirci come Melanie Griffith in *Una donna in carriera* o dobbiamo andarci a comprare anche noi il dolcevita nero di Steve Jobs? Cioè, per essere prese sul serio nonostante abbiamo in tasca una laurea specialistica e due master al MIT, che immagine di noi dobbiamo offrire? Dopo il reportage del 2017 "The Tech Industry's Gender-Discrimination Problem" di Sheelah Kolhatkar su «The New Yorker»,[20] la Silicon Valley ha dovuto fare i conti con il suo problema di sessismo, ma questo non è avvenuto in tutti i posti di lavoro. Il problema che si pone è quindi quello di emanciparsi dal *male gaze* e di trovare un nuovo simbolico *power dressing*, che non sia una brutta copia di qualcosa pensato dai maschi per i maschi.

L'esempio dell'abbigliamento aziendale femminile è funzionale per capire come le dinamiche della rappresentazione e dell'autorappresentazione siano cruciali per plasmare l'idea che le donne hanno di loro stesse. C'è, secondo me, un modo per emanciparsi dallo sguardo maschile: creare uno sguardo femminile, un *female gaze*. L'idea è stata sviluppata sempre in ambito di critica cinematografica, come alternativa al *male gaze* di Laura Mulvey, dalla sceneggiatrice Jill Soloway. L'industria ci-

[20] S. Kolhaktar, "The tech industry's gender-discrimination problem", «The New Yorker», www.newyorker.com, 20 novembre 2017.

nematografica, soprattutto dietro le quinte, è dominata da uomini che producono contenuti per altri uomini. I personaggi più memorabili della storia del cinema sono quasi tutti maschi, escludendo qualche donna immaginata sempre da uno sguardo maschile, che comunque pecca spesso di scarsa profondità e complessità. I registi più famosi sono tutti uomini. Il mondo delle storie e il modo in cui sono raccontate sono in mano agli uomini. E la *fiction* è lo specchio del modo in cui pensiamo il mondo, lo plasmiamo, lo vogliamo tramandare. Il *female gaze* non è soltanto lo sguardo di chi viene normalmente guardato, ma è anche il punto di vista di chi osa ritornare lo sguardo, di chi è consapevole di essere stato guardato per tutto il tempo. Ma le cose stanno cambiando. Ci sono tante registe che portano avanti narrazioni alternative, dove le donne non sono meri soprammobili in favore di telecamera, ma esseri senzienti, sfaccettati, multidimensionali, autentici. Donne normali, con un aspetto normale, né *femme fatale* né *Manic Pixie Dream Girl* alla Annie Hall. Se noi cominciamo ad autorappresentarci senza dare troppa importanza allo sguardo maschile, riusciremo a creare una narrazione diversa. Se applicheremo il *female gaze* al modo in cui pensiamo, non saremo più solo i soggetti passivi del piacere, ma i soggetti attivi. Il *female gaze* ha un potere sconfinato. Non solo cambia la nostra prospettiva, ma può cambiare anche la percezione del nostro corpo e di conseguenza del nostro valore in quanto individui. Dà importanza a quegli aspetti che ci riguardano e che allo sguardo maschile non interessano, come il nostro ciclo mestruale, il nostro orgasmo, la nostra salute mentale quando non rientra nello stereotipo dell'isteria.

Con il *female gaze* possiamo emanciparci dall'idea che il nostro corpo sia sempre subordinato a una funzione. Pensiamo al modo in cui si reagisce quando una donna grassa è presente in un film o in una serie TV. Ci sarà qualcuno che dirà che è poco salutare, che è un cattivo modello per le persone, che promuove l'obesità. E questo non perché faccia discorsi pro-obesità. Semplicemente perché esiste. Poi ci sarà qualcuno che, pensando di essere progressista, dirà che è bello che finalmente un corpo grasso sia sdoganato, che quell'attrice promuove un messaggio di positività e di incoraggiamento nei confronti delle ragazze grasse. E questo sempre perché, semplicemente, quel corpo grasso esiste. E non può essere altro che uno strumento, un mezzo di comunicazione e mai soltanto un corpo e basta. La stessa cosa vale per chi ha un corpo molto magro: qualcuno dirà sempre che promuove l'anoressia, che è sbagliato, che una ragazzina a casa la potrebbe imitare. Tutto questo, ovviamente, non avviene quando a essere presente in scena è il corpo di un uomo, a prescindere dal suo aspetto. Nessuno si è mai sognato di dire che Philip Seymour Hoffman (per dirne uno) promuovesse l'obesità, nessun film che lo vedeva protagonista è stato oggetto di disamine su quali "messaggi" avrebbe dato agli adolescenti con il suo corpo. Questo perché l'unica funzione del corpo maschile nel cinema, a meno che non sia intenzionalmente modificato per ragioni sceniche, è che sia un corpo e basta.

Invece noi donne ci sentiamo in obbligo di dargli un valore, un perché. Vogliamo che il nostro corpo sia sottile, magro, non soltanto che pesi poco ma, che non sia un peso. Vogliamo che occupi meno spazio possibile, vogliamo farci piccole piccole. Invece di spazio al mondo ce n'è tanto, e possiamo prendercelo. Al contrario, spesso ci affamiamo, perché la fame è una forma di controllo e di dominio, come racconta Roxane Gay in *Fame. Storia del mio corpo*. Lo è quando ce la autoimponiamo come disciplina, quasi come pratica ascetica, e lo è quando ci tratteniamo dal mangiare con gusto se siamo in pubblico per paura di risultare poco femminili, poco attraenti. È la privazione di un piacere che è innanzitutto corporeo, fisico. La fame dovrebbe invece essere un istinto sovversivo, anche se, sempre per citare la nostra Laurie Penny,

> Spesso è solo un modo per fare i conti con una rabbia che sembra troppo pericoloso esprimere, e che rivolgiamo verso il nostro corpo, controllando tutta la fame per quelle cose che, ci viene detto, non abbiamo diritto di volere, come il cibo, una scopata, una briciola di maledetto rispetto.[21]

La fame ci dovrebbe definire, ma come spinta propulsiva e non come privazione.

Nel continuo lavoro per dare un valore al nostro corpo cerchiamo un termine di paragone, un obiettivo. Così arriviamo a considerare "normale" ciò che non ha nulla di naturale: è "normale" essere prive di peli (non lo è), avere la pelle priva di qualsiasi traccia di *texture* (non lo è), che la carnagione sia solo bianca (non lo è), essere perennemente giovani (non lo è). La deviazione verso questa "normalità a-normale" è inaccettabile. Queste privazioni, queste

[21] L. Penny, *op. cit.*

discipline, questi sacrifici del corpo, ci hanno rese perfetti contenitori, nella convinzione che essi rispecchino il nostro contenuto. Questa "normalità a-normale" è però dettata soltanto dall'industria capitalistica della bellezza che risponde allo sguardo maschile e da nessun'altra ragione. Il fatto che il nostro corpo sia necessario al funzionamento di questo meccanismo rafforza sempre più l'idea che esso sia un bene di scambio, qualcosa su cui investire, qualcosa da cui trarre profitto. E così lo spezzettiamo in tante piccole parti, le tette, il culo, le gambe, la faccia, ciascuna con il suo valore. Non ci pensiamo complete. Troppo spesso indulgiamo a immaginare il corpo e l'anima come due entità separate, che hanno diversa importanza. L'anima è il contenuto avvolto dal corpo, che è il contenitore. Vorremmo che le due entità corrispondessero e per questo diventiamo matte ad apparire sempre belle e intelligenti. Quelle che si concentrano su una cosa piuttosto che sull'altra sono in alternativa sceme o brutte. Forse dovremmo semplicemente abbandonare quest'idea e cominciare a pensarci come una cosa sola. La nostra anima non è distaccata dal corpo: è il nostro corpo che fa da tramite con il resto del mondo. È il nostro corpo che ci fa provare piacere o dolore. Le nostre gambe, per quanto le riteniamo corte, grosse o brutte, ci portano nei posti e dalle persone che amiamo.

Capitolo 3

"Lo si diventa"

> I principi fondamentali del transfemminismo sono semplici. Primo, è nostra convinzione che ogni individuo abbia il diritto di definire la propria identità e di aspettarsi che la società la rispetti. Questo aspetto include anche il diritto di esprimere il nostro genere senza timore di discriminazioni o violenze. Secondo, riteniamo di avere diritto esclusivo di prendere decisioni in merito ai nostri corpi e che nessuna autorità politica, medica o religiosa possa violare l'integrità dei nostri corpi contro la nostra volontà o intralciare le nostre decisioni riguardo a ciò che di essi facciamo.[22]

A dirlo è il *Manifesto Transfemminista* scritto nel 2001 da Emi Koyama. Il transfemminismo è la seconda rivoluzione sessuale, quella che stiamo vivendo in questo momento, che si consuma là fuori mentre leggete queste pagine, e che stanno portando avanti le nostre sorelle o magari di cui siete protagoniste voi stesse. È il riconoscimento che esistono corpi che non si possono etichettare

[22] E. Koyama, "The Transfeminist Manifesto", in R. Dicker, A. Piepmeier, *Catching A Wave: Reclaiming Feminism for the Twenty-First Century*, Northeastern University Press, Lebanon, 2003, trad. it. a cura di Lesbitches, 13 luglio 2018.

una volta per tutte con una F o una M, che non si identificano nel genere assegnato alla nascita, o si riconoscono in entrambi, o i nessuno dei due, o che ancora hanno dei genitali o caratteristiche sessuali che non rientrano nella binarietà del maschile e del femminile, e che questi corpi meritano legittimità, sicurezza e salute tanto quanto quelli di chi si identifica facilmente nel genere femminile.

Faccio una breve premessa terminologica per orientarci nel mondo delle persone non binarie, partendo proprio da questa definizione: lo spazio sociale è dominato dalla binarietà, ovvero dalla coppia oppositiva maschile/femminile, uomo/donna. Le persone non binarie (*non binary*) o *genderfluid* sono tutte quelle persone che non possono o non vogliono sottostare a questo dualismo. Al concetto di "non binario" si associa anche *queer*, un termine-ombrello usato dalle persone gay, lesbiche, bisessuali, intersessuali, e/o trans in alternativa all'etichetta LGBTQ+. La Q di LGBTQ+. *Queer* è una parola inglese che in origine significava "strano, bizzarro, eccentrico" ma anche, in senso dispregiativo, "omosessuale".[23] Era già pratica comune in alcune comunità gay, lesbiche e trans autodefinirsi *queer*, rivendicando in senso positivo l'*hate speech*, riappropriandosi orgogliosamente del linguaggio di chi li disprezzava. A partire dagli anni Novanta, anche grazie alla teorizzazione accademica dei *queer studies* di Teresa de Lauretis[24] prima e di Judith Butler poi, il

[23] Oxford English Dictionary, "definition: queer", ultima cons. 30 settembre 2018.

[24] T. de Lauretis, "Queer Theory. Lesbian and Gay Sexualities. An introduction" in «Differences», 1991, 3-2, pp. 3-18.

termine è diventato di larghissima diffusione ed è oggi quasi universalmente accettato come termine unificante e inclusivo. Una persona che si identifica con il genere assegnatole alla nascita viene definita *cisgender* (dalla preposizione latina *cis*, "al di qua", usata in seguito anche come semplice abbreviazione). *Transgender*, invece, deriva dal prefisso *trans* che sta per "al di là", e indica una persona che non si riconosce nel proprio genere; da questa parola ne derivano altre come "transessualità" e "transgenderismo". Sebbene i due termini vengano spesso sovrapposti nell'uso comune, solitamente la condizione di "transessualità" si riferisce a chi decide di intraprendere un percorso di transizione, mentre con *transgender* si indica chi non si riconosce nel binarismo ma ciò non implica che vi sia, da parte di questa persona, il desiderio di intervenire per modificare il proprio corpo. In questo capitolo, per semplificazione e in accordo con quanto fatto da Emi Koyama nel *Manifesto Transfemminista*, con il termine *trans* mi riferirò a entrambe le condizioni. In particolare, con "donne trans" mi riferirò a tutte le persone che si identificano o si esprimono come donne, al di là dell'aspetto dei loro genitali.

Le donne trans sono sempre state marginalizzate all'interno dei movimenti femministi, in primo luogo perché non è mai stata riconosciuta la loro soggettività e identità di donne. L'argomentazione che è sempre stata usata ai fini di questa marginalizzazione è che se pensiamo che basti identificarsi come donne per essere donne, allora essere donne non significa più niente, perché donna è solo chi ha un utero e una vagina. Addirittura, le donne trans sono state accusate di essere uomini travestiti che desiderano impossessarsi talmente tanto dell'identità femminile al punto da assumerne il ruolo e le fattezze, oppure di aver approfittato del privilegio maschile fino al momento della loro transizione, e di volerlo imporre anche dopo. In una prima fase della storia dei femminismi, il sesso (quello che oggi chiameremmo genere) e la differenza erano i termini entro cui veniva analizzato il femminile in rapporto al maschile. La differenza sessuale era la cifra della donna, la sua mancanza nei confronti dell'uomo. Ancora non si riusciva a slegare la donna dal suo destino biologico: essere madre, compagna, figlia. Essere qualcosa rispetto all'uomo e mai indipendentemente da esso. Questo perché il genere era considerato ancora qualcosa di dato per natura e non socialmente costruito. Si intuiva, ovviamente, che molti dei comportamenti considerati "naturalmente femminili" fossero in realtà dei condizionamenti storici e sociali. Già John Stuart Mill, nel 1869, col suo libro *La soggezione delle donne*,[25] provò a mettere in discussione il concetto di "natura femminile", evidenziando come le donne fossero abituate sin dalla nascita a corrispondere a un preciso modello comportamentale ed estetico che aveva ben poco di naturale. Simone de Beauvoir diede poi un contributo fondamentale alla riflessione ne *Il secondo sesso*, evidente già nel titolo: l'uomo è il Soggetto per eccellenza, il primo sesso; la donna non può che essere l'Altro, quindi seconda a lui. Per la filosofa, ogni donna deve scontare questo "marchio depositato", ma ha anche la possibilità di liberarsene, riconoscendo se stessa come

[25] J.S. Mill, *La soggezione delle donne*, Era Nuova, Perugia 1998.

Soggetto. Le riflessioni di de Beauvoir hanno forgiato il femminismo contemporaneo, non solo aggiungendo alla lotta per la parità dei diritti il tema della sessualità, ma soprattutto evidenziando come ognuno di noi ha la possibilità di cambiare le condizioni che ha intorno a sé:

> La donna non è definita né dai suoi ormoni, né da istinti misteriosi, ma dal modo con cui riprende possesso, attraverso le coscienze estranee, del proprio corpo e del proprio rapporto col mondo.[26]

Secondo la filosofa ci sono circostanze che sono date: in che parte del mondo nasciamo, da quali genitori, in quale epoca, con quali possibilità economiche. Tutto il resto lo possiamo cambiare: la nostra esistenza è nelle nostre mani. In questo modo de Beauvoir intendeva affermare con forza che il pretesto della naturalità della condizione femminile era una scusa per limitare la libertà delle donne e per questo aveva cominciato, anche se non in modo esplicito, a separare i concetti di sesso e genere. Ma i tempi non erano ancora maturi per dire che il genere – ogni genere, non solo quello femminile – è qualcosa di totalmente artificiale.

Tra le prime a sostenere in modo convincente questa teoria vi fu Teresa de Lauretis, una studiosa italiana attiva nell'ambito statunitense alla fine degli anni Novanta e considerata la fondatrice dei *queer studies*. Dire che il genere è un costrutto sociale o addirittura una rappresentazione, per de Lauretis non è sufficiente, perché così si corre

[26] S. de Beauvoir, *Il secondo sesso*, Il Saggiatore, Milano 2016, p. 827.

il rischio di assumere che sia qualcosa di completamente astratto, che non abbia nulla a che fare con il corpo. Questa è l'increspatura in cui è riuscita a insinuarsi la Chiesa cattolica, con la creazione della fantomatica "teoria gender" la cui "imposizione" viene oggi tanto sbandierata da ultracattolici e conservatori. Il genere è stato forzatamente trasformato in qualcosa di così astratto e teorico che è stato facile farlo diventare un demone pronto a distruggere la "famiglia naturale". Secondo chi crede nell'esistenza della fantomatica "teoria gender", ci sarebbe una sorta di cospirazione volta a cancellare ogni differenza fra i sessi rendendo il mondo una Sodoma in fiamme senza capo né coda. Come lo spettro del comunismo che si aggirava per l'Europa a fine Ottocento, lo spettro gender verrà nelle vostre case e vi obbligherà a chiamare la mamma e il papà "Genitore 1" e "Genitore 2".

In realtà il genere non è niente di tutto questo. Non è un demone astratto, ma è qualcosa di vero e vivo: il "gender" non esiste, ma il genere esiste eccome. Condiziona le nostre vite, le modella, si può incarnare in schemi di comportamento, *bias* culturali. Leghiamo la nostra identità al genere, sia esso corrispondente o meno al nostro sesso biologico. Questo può scatenare dei conflitti non indifferenti in chi non si identifica nel genere assegnato alla nascita, in entrambi i generi, o ancora in nessun genere. Ma nessuno vuole imporre attraverso chissà quale complotto l'annullamento di ogni differenza.

L'unica differenza che vuole essere abolita – ma dai regimi oppressivi del corpo e non da chi lo vuole liberare – è quella tra sesso e genere. Chi afferma con convinzione che non serva una distinzione tra i due termini o che ancora peggio che basti il "sesso", anatomico e quindi immutabile (chirurgia e terapia ormonale a parte), a definire l'identità di una persona mira a cancellare quello per cui le femministe e la comunità LGBTQ+ hanno lottato. Forse questo discorso può sembrare un po' lontano dal femminismo che conosciamo. Ma se da più di duecento anni cerchiamo di smontare quel sistema basato sui ruoli del maschio e della femmina che comunemente prende il nome di patriarcato, è proprio la costruzione sociale del genere che combattiamo. Come diceva de Beauvoir, la donna è definita dal modo in cui riprende possesso del corpo e del mondo.

Ma se le femministe stesse sono le prime a inalberarsi sulla questione del sesso, qui abbiamo un bel problema. Questo perché dovremmo aver già capito da un bel pezzo che le donne trans non sono qui per toglierci niente, ma per combattere la nostra stessa battaglia. Le esperienze sono senz'altro diverse, ma il punto di partenza è comune: riprendere possesso di qualcosa che ci è stato tolto. Se continueremo a considerare la differenza di genere un modo per distinguerci in categorie separate e inconciliabili, non solo manterremo vivo il patriarcato, ma è come se ammettessimo che l'eterosessualità obbligatoria, che è il suo asse portante, sia l'unica possibilità esistente. In questo, certe frange femministe non si distinguono dagli ultraconservatori che vedono la donna come un forno con una data di scadenza utile solo a portare avanti la specie. E così, contro ogni logica previsione, è venuta a crearsi un'alleanza paradossale: le donne, che quarant'anni fa marciavano al grido di "L'utero è mio e lo gestisco io", ora si vedono nei consigli comunali delle grandi città a fianco di prelati e autorità per decidere non solo dell'utero, ma del corpo e dell'identità di qualcun'altra. Le TERF (*Trans-exclusionary Radical Feminists*), ad esempio, si oppongono all'ingresso delle donne trans nei femminismi perché non credono che siano donne. A volte dimentichiamo che essere "radicali", come si proclamano le TERF, significa andare alla radice delle cose. Una femminista radicale dovrebbe sapere che la radice della sua oppressione non sono di certo le donne trans, ma il sistema patriarcale, binario ed eterosessuale. Con il loro attivismo e la loro transfobia, le TERF giungono a sostenere posizioni reazionarie e misogine, non solo escludendo le donne trans dai femminismi, ma addirittura appoggiando l'abolizione delle politiche di sostegno alla transizione di genere. Questo non è femminismo. Chi vuole imporre politiche censorie e mortificanti sul corpo altrui è violento e fascista.

Per fortuna c'è una nuova generazione di attiviste che accoglie a braccia aperte tutti coloro che vogliono camminare al loro fianco, indistintamente da quello che hanno in mezzo alle gambe, rigetta l'ortodossia di quel tipo di femminismo. Essere transfemministe significa distruggere il patriarcato dalle fondamenta come un corpo unico che unisce donne trans e non trans e chiunque si senta parte della rivoluzione. Come ribadisce anche il *Manifesto*:

> Il transfemminismo incarna le politiche dell'alleanza femminista attraverso le quali donne con storie diverse si sostengono a vicenda, perché se non ci sosteniamo a vicenda, nessun altro si prenderà la briga di farlo.[27]

[27] E. Koyama, *op. cit.*

Essere transfemministe significa innanzitutto riconoscere che ogni corpo ha diritto ad auto-determinarsi secondo le proprie logiche e il proprio desiderio, e non secondo quelle del patriarcato. Significa che ogni identità non esiste in funzione dell'alterità, della differenza col maschio, ma si costruisce e alimenta da sé. Come ribadito nel *Manifesto*, cerchiamo tutte di conformarci all'idea di "vera" donna. Conseguentemente, le nostre sorelle trans si trovano a far dipendere la propria incolumità o legittimità dalla capacità di farsi passare per donne. E così diventano le donne biologiche il nuovo metro di paragone, la nuova alterità – e che siano donne biologiche "vere" nella convenzione binaria e patriarcale. Ma ci sono identità sfuggenti, mutevoli, che non vogliono conformarsi a nessun modello. Ci sono donne trans e persone *queer* che non hanno alcun interesse a indossare tacchi, truccarsi o farsi mastoplastiche per "sembrare" delle donne. Questo significa che non lo sono? Diremmo mai a una donna cis che non è abbastanza donna se non si mette un rossetto rosso e non ha una quarta di seno?

Il transfemminismo è l'unica lotta che ha senso combattere oggi. Le femministe della seconda ondata ci hanno lasciato una grande eredità, aiutandoci a liberare i nostri corpi nel nome del desiderio. Ma, come ho già detto, quel desiderio era un desiderio a senso unico, che riguardava solo una piccola cerchia di donne – solitamente giovani, bianche, etero, cis, istruite e borghesi – e non riusciva a includere tutte le soggettività. Questo si rifletteva anche nella composizione dei gruppi femministi e nella conseguente esclusione delle donne lesbiche e trans dai circoli. Famoso è l'episodio della contestazione del gruppo Lavender Menace, il primo maggio 1970. Venti attiviste irruppero sul palco del Second Congress to Unite Women di New York per protestare contro l'esclusione delle tematiche lesbiche dal discorso femminista. Il gesto, assieme a molti altri, effettivamente contribuì al ripensamento del lesbismo nei gruppi femministi, ma non riuscì a scardinare totalmente l'eterosessualità "obbligatoria" (o perlomeno convenzionale) delle femministe. Ancora oggi molte donne trans, anche quando non sono apertamente osteggiate come accade con le TERF, non si sentono pienamente coinvolte nei movimenti femministi.

Oggi, con l'apertura generale ai temi LGBTQ+, mi sembra assurdo che la divisione tra la lotta femminista e quella *queer* permanga così netta, dal momento che l'obiettivo sembra essere condiviso. A mio avviso una delle cause di questo ritardo risiede anche nel modo in cui si è evoluto il femminismo della terza o della quarta ondata, ovvero la nuova era che stiamo vivendo. Fortunatamente, oggi "femminismo" ha (quasi) smesso di essere una brutta parola. Molte persone hanno capito o cominciano a capire che le femministe non sono più o comunque non sono solo quelle che bruciavano i reggiseni in piazza per contestare Miss America (episodio, peraltro, mai verificatosi). Nonostante la resistenza antifemminista in Italia sia ancora molto forte, e spesso portata avanti dalle donne stesse che hanno molte rimostranze a essere associate a questa parola – sebbene magari si comportino e lottino come delle femministe – a livello globale le cose sembrano andare meglio. Oggi moltissime donne, anche famose, dichiarano con serenità il loro appoggio al femminismo, senza paura di passare per delle fanatiche estremiste. Grazie a internet i messaggi di *empowerment* hanno avuto una diffusione mai sperata prima, favorita anche dal cosiddetto "femminismo pop", come è quello impersonato da Beyoncé, Oprah e Serena Williams. Le femministe non sono più le gattare lesbiche che non si depilano degli anni Sessanta (come se poi ci fosse qualcosa di male a esserlo), quelle che le nostre mamme e le nostre nonne guardavano con sospetto. Oggi molte sono "insospettabili" ragazze carine, vestite alla moda, che si truccano e mettono i tacchi prima di uscire e la sera vanno a ballare in discoteca.

Che il femminismo abbia raggiunto le masse e sia riuscito a trovare una veste "demagogica" è una cosa per molti versi positiva, ma l'accessibilità pop del femminismo ha anche dei risvolti negativi.

Primo, ha spesso posto in secondo piano le questioni collettive in favore di quelle individuali, sia perché queste ultime sono indubbiamente più attraenti, sia perché sono, da un punto di vista oggettivo, quelle meno complesse. Nel femminismo contemporaneo, molte ragazze hanno trovato un'occasione di riscatto personale e la libertà di fare ciò che vogliono e come vogliono. Non che questo non sia un principio femminista, ma il femminismo non è solo uno strumento per raggiungere i propri obiettivi. È una lotta che riguarda tutte, e che non finirà finché tutte le donne di tutto il mondo non si sentiranno sicure, riconosciute e legittimate.

Secondo, ha contribuito a diffondere un'idea di "femminismo socialmente accettabile", incarnata in un preciso standard estetico e di attivismo. Continuando a ripetere che no, le femministe non sono le pazze che odiano gli uomini e bruciano i reggiseni in piazza, abbiamo costruito un nuovo modello di donna femminista, che guarda caso somiglia terribilmente a una donna bianca, magra, carina, cis ed etero. Solo che ha i capelli rosa. Questo modello è stato ascoltato e amplificato dalle aziende, che negli ultimi anni hanno colto la palla al balzo lanciandosi in mirabili operazioni di *pink washing*, un bel "lavaggio rosa", in grado di attirare quella fetta di ragazze "ribelli" stufe di doversi identificare nella solita modella ordinaria. Nessuno mette in dubbio che una donna bianca, magra, carina, cis ed etero (come è, ad esempio, la persona che ora scrive, ma senza capelli rosa) sia davvero femminista. Quello che è sbagliato è ridurre il femminismo solo a questo standard, e magari rifuggire con orrore quelle etichette perché non ci riconosciamo o non ci piacciono. Il femminismo non deve affatto essere socialmente accettabile. Non è una decorazione natalizia che esiste per portare una nota di colore nelle nostre vite o per essere guardato e ammirato. Portando avanti il modello del "femminismo socialmente accettabile", continueremo a escludere tutti quei corpi "indecorosi", che non corrispondono a esso, e che così rimarranno relegati ai margini della lotta. Il decoro, che passi da una ordinanza che proibisce di indossare abiti succinti o da un divieto di indossare una minigonna a scuola, nasconde sempre un principio autoritario. Nel decoro non c'è spazio per chi non si conforma, per chi non vuole aderire alla norma.

I corpi trans sono forse l'esempio più tipico dei corpi considerati indecorosi che non solo nella società nel suo insieme, ma anche nel femminismo contemporaneo faticano a trovare legittimazione. Come le donne trans non dovrebbero sentirsi in obbligo di aderire al modello dominante di femminilità per essere riconosciute, così non dovrebbero affatto emulare quello "femminista". Non dovrebbero sgomitare per il loro posticino nella lotta, di nuovo, bianca, magra, carina, cis, etero e socialmente accettabile, che spesso nemmeno riconosce la loro esistenza, se non quando la denigra o la deride. Come femministe dobbiamo riconoscere che è il dominio maschile ed eterosessuale a tenere ben salde le redini del potere, e che noi spesso anziché contestarlo cerchiamo di adattarlo alle nostre esigenze. Questo dominio si basa su un sistema di oppressione economica e sociale, capitalistica e binaria che ha un forte istinto di conservazione. Ciò che non si inserisce nella categoria "maschio" o nella categoria "femmina" dà ancora più fastidio di ciò che si inserisce nella categoria "femmina femminista". Cosa sei? Da che parte stai? Che ruolo hai nel mio gioco del potere maschio e bianco?

Spesso si cade nella fallacia per cui la parità arriverà quando le donne assumeranno i ruoli di potere che per secoli sono stati appannaggio degli uomini: "Ah, se ci fosse una donna come presidente del consiglio!", be' probabilmente si comporterebbe esattamente come un uomo. Questo perché esiste un solo modello di potere con cui ci confrontiamo e a cui ci conformiamo, che è il dominio millenario del maschio. Non c'è spazio per altri poteri. Così siamo costrette a chiedere di essere incluse in questo sistema, senza darci la possibilità di pensare a delle alternative. Oggi le donne trans devono confrontarsi col potere succedaneo delle donne cis per essere riconosciute, esattamente come le donne cis hanno dovuto fare con il dominio maschile. L'obiettivo comune non può essere la rappresentazione, ma la rappresentanza.

La rappresentazione è solo un favore, non è una conquista del potere. È importante sentirsi rappresentati – e ad assicurarsene dovrebbe essere chi crea i prodotti culturali – ma questa rappresentanza non deve trasformarsi in una concessione dall'alto. L'imperialismo insito nel dominio maschile, benché con volto democratico, lascia spazio solo a una versione edulcorata della minoranza, ovvero a quella che si adegua e scende al compromesso. Le persone *queer* accettabili per l'istituzione sono quelle che si avvicinano di più all'eterosessualità obbligatoria. Non le *checche*, non le drag, non i travestiti, non le persone trans, non le persone non binarie. Ciò che non può essere capito o addirittura addomesticato con facilità viene sistematicamente escluso. Ok, facciamola questa pubblicità dei surgelati con la coppia di uomini gay, cis e dall'aspetto assolutamente ordinario che si dà un casto bacio sulla guancia, ve lo concediamo. Ma voi *frocie* state chiuse nel vostro armadio. O ancora, nel dire a una donna trans che sembra proprio una donna cis, si biasimano gli aspetti non convenzionali. Non è errato affermare che questa dinamica si ripete anche all'interno dei femminismi. Diamo spazio solo a chi ci somiglia, a chi si conforma alla nostra narrazione. Ma la realtà è che esistono milioni di narrazioni diverse e che se rendiamo la nostra causa di vita la lotta contro la narrazione egemone, non possiamo costruirne una a nostra volta altrettanto escludente.

Tra le narrazioni escludenti ci sono anche le narrazioni del dolore, che sembrano essere l'unico spazio semantico dell'identità trans. La condizione trans viene raccontata sempre come una condizione di dissidio interiore, di uomini o donne intrappolati nel corpo di donne o uomini, di sofferenza, di divisione, di doppi che lottano nella stessa persona. La narrazione del percorso di transizione sottolinea sempre queste caratteristiche, come se tutte le persone trans condividessero la stessa storia, le stesse aspirazioni, lo stesso calvario di sofferenza. Si tratta ovviamente di un ricorso alla solita polarità dei sessi. O sei femmina e femminile o sei maschio e maschile. E se non vuoi sottostare a questo dualismo, allora soffri, ti senti diviso, ma soprattutto ti devi correggere. Ti devi per forza "mettere a posto" per trovare la pace. Se continueremo a riferirci e a raccontare l'esperienza trans in questi termini (tra l'altro spesso scavalcando, opprimendo o cancellando la voce trans, scegliendo come raccontare per loro e al posto loro storie ed esperienze che sono solo personali, con gli unici metri di paragone che conosciamo, ovvero quelli della nostra esperienza binaria) le persone e i corpi trans non saranno mai liberi. Saranno sempre l'altro rispetto all'Altro, la condizione più infima a cui possono ambire finché non verranno corretti con i prodigi della scienza. Questa è una narrazione tossica non solo per chi decide di non sottoporsi a trattamenti ormonali o chirurgici, ma anche per chi li intraprende. Com'è noto la transizione non si risolve nel giro di qualche giorno, ma è un processo molto lungo. Se continueremo a raccontare le persone in transizione come persone a metà, intrappolate chissà dove, in attesa di fiorire, sbocciare, diventare qualcun altro, stiamo prevaricando il loro desiderio, ci stiamo appropriando delle loro storie, stiamo affibbiando loro una sofferenza che non è affatto detto che sentano.

Per questo auspico una sorellanza in cui tutte le donne possano prendere egualmente parola, basata sul proprio desiderio di autodeterminazione, in cui si realizzi un mutuo riconoscimento delle differenze. Il modo in cui possiamo costruire questa sorellanza è attraverso la reciproca protezione dei corpi, che sono sì la sede delle differenze, ma anche lo spazio dell'incontro. Ho già detto come i nostri corpi siano sottoposti alle continue tensioni imposte dalla società patriarcale. Pensiamo alle politiche di maternità, all'aborto, all'accesso ai contraccettivi. I corpi trans o non binari, cioè che per un motivo o per l'altro non sottostanno alla logica duale maschio/femmina, sono le prime vittime dell'autorità. Prendiamo le persone intersessuali.

L'intersessualità è un «fenomeno che si manifesta con la coesistenza in uno stesso individuo (intersessuale) di caratteri maschili e femminili più o meno intermedi fra i due».[28] I genitali esterni, gli organi riproduttivi interni e/o il sistema endocrino degli individui intersessuali sono diversi e non esiste un'unica condizione standard. Molto spesso i bambini e le bambine intersessuali vengono sottoposti a interventi di "normalizzazione": subito dopo la nascita si verifica se il corredo cromosomico sia più assimilabile al maschile o al femminile,

[28] Treccani, "intersessualità", www.treccani.it, ultima cons. 29 settembre 2018.

oppure addirittura se i genitali somiglino più all'uno o all'altro standard e si interviene arbitrariamente con operazioni chirurgiche molto invasive – paragonabili a vere e proprie mutilazioni – senza che ve ne sia un reale bisogno. Anche se in alcuni casi è necessario sottoporsi a determinati interventi chirurgici, non è l'aspetto estetico dei genitali che va in qualche modo corretto perché somigli a una norma. In un mondo in cui i genitori si sentono in dovere di far indossare a neonati pelati fasce per capelli rosa o azzurre per comunicare a perfetti sconosciuti l'aspetto dei genitali dei propri figli, sembra obbligatorio correggere un bambino o una bambina che non possa essere facilmente ricondotto a un colore o all'altro. Ovviamente nessuno chiede a questi bambini cosa ne pensino, se si identifichino in un genere e in quale, perché la tendenza è di intervenire prima ancora che il bambino possa rendersene conto, così da poterlo socializzare sin da subito come un maschietto o una femminuccia. Molto spesso le persone scoprono di aver subito questi interventi una volta divenute adulte, magari proprio quando decidono di intraprendere un percorso di transizione perché l'aspetto dei propri genitali non corrisponde a ciò con cui si identificano. Le loro storie sono davvero dolorose. A volte queste mutilazioni irreversibili provocano danni gravissimi: non solo dolori cronici, ma anche sterilità, perdita della sensibilità genitale, disforia di genere. Per non parlare di tutte le conseguenze pertinenti alla sfera affettiva e sessuale. Sebbene non tutte le persone intersessuali si identifichino come trans, il trattamento loro riservato è l'esempio più palese di come l'autorità si senta in dovere di intervenire sul corpo per correggere ciò che per la società è ritenuto un abominio, ovvero l'impossibilità di aderire alla norma binaria. Quella sui bambini intersessuali è una violenza di genere bella e buona, al pari delle mutilazioni genitali femminili ancora in uso in vari Paesi africani e asiatici, con la differenza che per queste ultime – così lontane dal nostro evoluto Occidente progressista – si spendono parole di biasimo e condanna con molta più facilità.

Nel 2011 l'Alto Commissariato delle Nazioni Unite per i diritti umani, attraverso un report, aveva espresso grande preoccupazione per le leggi discriminatorie e la violenza basate sull'orientamento sessuale e l'identità di genere all'interno degli Stati membri.[29] Quando si parla di violenza omotransfobica si pensa subito ai pestaggi e agli insulti di cui si sente parlare ogni tanto al telegiornale. Ragazzi e ragazze aggrediti per strada, sui mezzi pubblici e nelle scuole semplicemente a causa del loro aspetto o dei loro modi eterodossi. In realtà la violenza basata sull'orientamento sessuale e l'identità di genere si presenta anche in modo molto più subdolo di questo: un medico che si sente autorizzato a procedere su un neonato solo perché ha dei genitali incongrui rispetto al suo corredo genetico commette violenza. Gli Stati che impediscono la rettifica del genere sui documenti in assenza di un'operazione chirurgica commettono violenza. Le femministe che cacciano le donne trans dai cortei dell'8 marzo commettono violenza. Questo per-

[29] United Nations High Commissioner for Human Rights, *Discriminatory laws and practices and acts of violence against individuals based on their sexual orientation and gender identity*, www2.ohchr.org, 17 novembre 2011.

ché negano ad alcune persone il proprio diritto di decidere per sé e per il proprio corpo, esercitando il potere e l'autorità legittimati dal sistema patriarcale ed eteronormativo. Il diritto alla sicurezza sociale, al lavoro, alle cure mediche, all'istruzione, al libero e pieno sviluppo della personalità sono tutti oggetto delle lotte transfemministe, ma la cosa interessante è che sono innanzitutto diritti umani, diritti a cui nessuno dovrebbe opporsi. Nel 2016, l'Alto Commissariato delle Nazioni Unite ha approvato una risoluzione per la protezione contro la violenza e la discriminazione basata sull'orientamento sessuale e l'identità di genere: è stato il primo riconoscimento ufficiale dei diritti omosessuali e trans come diritti umani a tutti gli effetti.[30] A giugno del 2018 l'OMS ha tolto l'incongruenza di genere dalla lista delle malattie mentali.[31] È un passo enorme, che dissocia la transessualità dall'ambito psichiatrico e la riconosce come una condizione temporanea o definitiva: il corpo trans non è più un corpo malato, ma un corpo che sta attraversando una fase, che talvolta comprende anche dei trattamenti medico-sanitari, ma che non va necessariamente curato o corretto. Ci vorrà ancora del tempo perché i singoli Stati recepiscano queste novità e comincino un processo di depatologizzazione della transessualità. In Italia, ad esempio, è ancora necessario ottenere una diagnosi di disforia di genere per poter intraprendere la transizione.

[30] United Nations General Assembly, *Protection against violence and discrimination based on sexual orientation and gender identity*, undocs.org, 17 luglio 2019.

[31] World Health Organization, *ICD-11 International Classification of Diseases 11th Revision*, icd.who.int.

Per questo più per le persone trans che per chiunque altro il personale, il quotidiano, il corporeo è un terreno di lotta politica.

Trincerarsi all'interno dei confini del genere significa non solo ostacolare, ma anche negare questa lotta, perché il genere è anche un dispositivo politico. Lo è nelle mani degli uomini, che per secoli l'hanno usato per far andare avanti il sistema patriarcale, e lo è nelle mani delle donne, che lo possono usare come un'arma. Per questo le lotte LGBTQ+ e, in particolare, le lotte trans si sono svolte sempre in maniera separatista, puntando all'organizzazione, alla strutturazione, all'associazione, insistendo sulla devianza rispetto alla norma. Ma la norma non è un valore assolutamente positivo, così come quello della devianza non è negativo. Per questo motivo, superare i due concetti di norma e devianza può essere una strada utile da percorrere per il transfemminismo. Quando si parla di un gruppo classificandolo attraverso uno stigma, un marchio, una caratteristica – l'essere femmina, l'essere gay, l'essere trans – si rischia sempre di ridurre l'individuo alle sue proprietà. Questo ha delle conseguenze nella percezione che noi abbiamo di quel determinato gruppo, e allo stesso tempo fa sì che la persona che viene stigmatizzata percepisca se stessa come la somma delle sue proprietà. In questo discorso entra in gioco il nostro interesse a categorizzare le persone, a etichettarle, a inscatolarle. Io ho sempre creduto che le etichette siano importanti, perché aiutano chi si è visto l'identità negata a usare quella negazione come perno per costruirsene – e soprattutto rivendicarne – una. Spesso le etichette sono invise proprio da chi ha il privilegio di potersene privare ma, come ho detto in precedenza, dobbiamo accogliere le differenze per poterci unire. Questo proposito non è in contrasto con il nostro compito di femministe, che è anche quello di superare il pensiero per categorie (che, tra l'altro, è quasi sempre un pensiero binario, e la logica prevede sempre che ci sia un terzo elemento, un perturbante, per arrivare a una sintesi). Di guardare oltre. Per citare ancora il *Manifesto*:

> La somma delle nostre piccole ribellioni combinate destabilizzerà il sistema normativo di genere così come lo conosciamo.[32]

Le nostre piccole ribellioni sono imprescindibilmente legate ai nostri corpi e a quelli delle nostre sorelle.

Ho intitolato questo capitolo "Lo si diventa" per citare forse la frase più famosa di Simone de Beauvoir: «Donne non si nasce, lo si diventa». È la primissima sentenza del capitolo de *Il secondo sesso* dedicato all'infanzia, nella prima parte del libro, ovvero quella sulla formazione. Nelle righe successive la filosofa dice due cose molto importanti. La prima è che nessun aspetto biologico, psichico o economico può definire la donna; e la seconda, fondamentale per capire questa frase ormai relegata a citazione motivazionale da stampare su segnalibri e magliette, è che il corpo è «prima di tutto l'irradiarsi di una soggettività, lo strumento indispensabile per conoscere il mondo».[33] E costruirlo, aggiungerei io.

[32] E. Koyama, *op. cit.*
[33] S. de Beauvoir, *op. cit.*, p. 205.

Essere donne non è un buono sconto che ci dispensa automaticamente dal rendere il mondo un posto migliore. È solo diventando donne, con la gioiosa unione di *tutti* i corpi e di *tutti* i desideri, che si possono cambiare le condizioni di tutti.

Capitolo 4

Dalla parte delle bambine

Dalla parte delle bambine è un libro del 1973 scritto da Elena Gianini Belotti. Quando scrisse questo saggio, Gianini Belotti aveva quarantaquattro anni e la sua infanzia l'aveva trascorsa in un tempo in cui le bambine non contavano quasi nulla. Dovevano essere modeste, zitte, beneducate, carine, volenterose, misurate, religiose. Non serviva che studiassero o lavorassero, ma era importante che sapessero sin da subito e alla perfezione come governare la casa ed educare i figli col medesimo rigore con cui erano state tirate su loro. Le bambine erano spose in miniatura, piccole madonne, abituate a conformarsi a un modello di remissiva devozione. Una volta diventata adulta, la scrittrice si rese conto che anche trent'anni dopo le cose per le bambine non erano poi così cambiate. In parte i costumi si erano certamente evoluti: le donne cominciavano a emanciparsi lentamente dai dettami del padre o del marito, era stato introdotto il divorzio, la sessualità diventava sempre più libera, si cominciava a parlare di aborto. Dall'America, soprattutto, era arrivato il movimento femminista con le sue lotte e le sue rivendicazioni. Eppure, il modo in cui venivano educati i bambini e le bambine continuava a essere radicalmente diverso, quasi come se il maschio e la femmina non fossero due sessi diversi, ma proprio due specie diverse. Scrive Gianini Belotti nella premessa del saggio:

> La cultura alla quale apparteniamo, come ogni cultura, si serve di tutti i mezzi a sua disposizione per ottenere dagli individui dei due sessi il comportamento più adeguato ai valori che le preme conservare e trasmettere.[34]

I valori che alla società preme conservare e trasmettere sono, senza dubbio, i vecchi ruoli di genere. Quante volte li abbiamo visti in azione? Le bambine sono abituate sin dall'infanzia a giocare con le bambole, mentre i coetanei maschi con le costruzioni. Alle bambine si dice di non correre per non sporcare il vestito – non sia mai rovinassero la loro immagine esteriore! – mentre il bambino viene incoraggiato a muoversi e giocare come meglio crede. Sono esempi banali, quotidiani, se vogliamo, triti e ritriti. Ovviamente questi condizionamenti non terminano con la fine dell'infanzia, ma si protraggono per tutta la vita. È dimostrato infatti che tale educazione così differenziata produce, soprattutto nelle bambine, grossi problemi di autostima.

È all'educazione infantile che bisogna risalire quando ci si chiede perché ci siano così poche donne iscritte alle STEM,[35] le facoltà universitarie scientifiche. Forse perché la scienza e la tecnica non fanno parte delle cose "da femmina" nell'immaginario comune, poiché, a dif-

[34] E. Gianini Belotti, *Dalla parte delle bambine*, Feltrinelli, Milano 1973, p. 6.
[35] Acronimo di *Science, Technology, Engineering and Mathematics.*

ferenza dei ruoli "di cura", sono di dominio maschile. Così nelle facoltà umanistiche, o delle scienze umane in genere, ancora oggi i maschi sono merce rara. E quando si sale di prestigio nel mondo accademico – ma questo a prescindere dalla facoltà – le donne sono ancora meno. Anche se la percentuale di donne laureate è maggiore di quella dei colleghi maschi e, mediamente, con risultati migliori, solo il 10% di loro accede alla cattedra di professore ordinario. E il 70% di quelle che vogliono proseguire la carriera accademica non va oltre il ruolo di assegnista.[36]

Tutti si sono accorti di questa discrepanza di numero. Persino i maschilisti, come Alessandro Strumia, professore di fisica dell'Università di Pisa che durante una conferenza organizzata dal CERN, l'Organizzazione europea per la ricerca nucleare, ha spiegato con tanto di slide che ci sono poche donne nelle scienze perché, oggettivamente, sono meno brave e infatti la fisica l'hanno inventata e sempre fatta i maschi. Certo, come no. Una spiegazione più ragionevole potrebbe essere invece che le donne, specialmente quando vogliono raggiungere posizioni di prestigio, fanno più fatica. Non solo per difficoltà oggettive – come ad esempio l'eterno problema della conciliazione tra vita privata e lavoro, che in realtà dovrebbe riguardare tutti – ma anche per il modo in cui molte di esse vivono il mondo del lavoro, cioè per il modo in cui si percepiscono e di conseguenza si stimano. Come potrà

[36] Università di Trento, "Donne e Scienza: uno sguardo oltre gli stereotipi", pressroom.unitn.it, Trento, 14 settembre 2017.

una bambina pensare di spaccare il mondo, se non si sente nemmeno in diritto di dire come la pensa? Se arriverà un professore maschio privilegiato in tutti i modi possibili che, non contento del suo privilegio, si prenderà la briga di sbatterle in faccia un PowerPoint creato con il solo scopo di dirle di stare zitta? Di dirle che il sessismo non esiste? Che è un'ideologia? Il punto è che non si può avere un dialogo alla pari con chi si sente superiore, chi si pone con la presunzione di avere le chiavi del mondo in mano. Questo non significa, ovviamente, che tutti i maschi crescano e pensino come il prof. Strumia, ma che molti siano cresciuti con infiniti orizzonti di facoltà davanti a loro, con la possibilità di essere massimamente liberi e padroni delle proprie vite, con la sicurezza di avere sempre garantita l'opportunità di decidere da sé è innegabile. Ed è innegabile che molte bambine non godano di questo stesso privilegio. Che siano, insomma, succubi di un sistema che le preferisce subalterne, incasellate, passive. Preferisce che siano una certezza, che facciano e diventino quello che tutti si aspettano da loro e non un punto interrogativo aperto a milioni di possibilità. A un certo punto Gianini Belotti fa una considerazione molto interessante, e cioè che un maschio è considerato per quello che *sarà*, mentre la femmina per quel che *darà*. La bambina è abituata a dare e darsi in continuazione: dare sorrisi, dare la sua bellezza al mondo, dare baci, dare soddisfazione ai genitori comportandosi bene. Le aspettative su di lei si concentrano su quello che possiede e che ci si aspetta donerà agli altri. Si realizzano così due destini diversi:

Il primo implica la possibilità di utilizzare tutte le risorse personali, ambientali e altrui per realizzarsi, è il lasciapassare per il futuro, è il benestare per l'egoismo. Il secondo prevede invece la rinuncia alle aspirazioni personali e l'interiorizzazione delle proprie energie perché gli altri possano attingervi. Il mondo si regge proprio sulle complesse energie femminili, che sono lì, come un grande serbatoio, a disposizione di coloro che impiegano le proprie per inseguire ambizioni di potenza.[37]

La donna è il grande serbatoio, la grande ruota di scorta. In questo stesso principio risiede anche il nucleo del famoso *gender pay gap*, la differenza di trattamento economico tra donne e uomini. Sulla carta è una discrepanza inesistente: a parità di posizione lavorativa, uomini e donne devono essere, per legge, pagati la stessa cifra. Ma quel *gap* si crea su un piano più profondo e meno evidente, quando ad esempio la carriera delle donne viene ostacolata, o le promozioni vengono assegnate più volentieri agli uomini, perché è più conveniente assegnarle a loro, oppure quando un po' per scelta e un po' per obbligo le donne interrompono la propria carriera per stare a casa a badare ai figli. Rinunciano alle proprie aspirazioni – e all'indipendenza economica – perché il compagno possa non solo continuare economicamente a provvedere alla famiglia, ma anche aspirare a qualcosa di meglio. E nella maggior parte dei casi è la donna a subire questo destino e molto raramente l'uomo, quasi fosse una naturale conseguenza dell'esistenza. La femmina è considerata per quel che darà non solo perché il

[37] E. Gianini Belotti, *op. cit*, p. 22.

lavoro domestico e di cura è ancora in gran parte deputato alla donna, ma anche perché, per lei, rinunciare al lavoro "pesa meno" o "importa meno". E, secondo me, questo è dovuto al fatto che molte di noi crescono con la convinzione di non valere abbastanza, che il mondo possa fare a meno di loro, della loro intelligenza, delle loro capacità. C'è persino un nome per questa convinzione: "sindrome dell'impostore". Ci autoconvinciamo di essere delle truffatrici che hanno ottenuto una certa posizione in modo illecito (per una botta di fortuna o per errore) e non per i propri meriti. Tutto è radicato nel modo in cui le bambine e i bambini vengono educati. All'immanenza le prime, alla trascendenza i secondi. Tutti, al mantenimento dei ruoli di genere.

La perpetuazione dei ruoli di genere è il mantenimento di un sistema economico e sociale votato all'immobilismo. Non mi stancherò di ripetere che il patriarcato è innanzitutto questo, e che la subordinazione delle donne è funzionale alla sua sopravvivenza. Le conseguenze di un'educazione differenziata in base al genere le vediamo anche nella creazione di due mercati diversi, uno rosa per le bimbe e uno blu per i maschietti. Si comincia dai giocattoli e si arriva alle corsie del supermercato, dove i prodotti "femminili" arrivano a prezzi esorbitanti pur svolgendo la stessa identica funzione di quelli maschili. Un esempio su tutti, il rasoio, la cui variante rosa fa schizzare il prezzo nell'iperuranio in modo assolutamente ingiustificato. Infatti, tutte noi sappiamo benissimo che è meglio comprare le lamette da barba. Non c'è nulla di male in una bambina che gioca con un bambolotto o con un ferro da stiro giocattolo: accudire i figli e occuparsi della casa fanno parte dei gesti quotidiani degli adulti che ai bambini piace tanto imitare. Il problema è quando la dimensione casalinga diventa l'unico orizzonte possibile per una bimba, che sulle confezioni di quei giocattoli avrà letto PER LEI. Oppure quando si impedisce a un maschio di accedere a questi divertimenti, soltanto perché quelle sono cose "da femmina".

Ho usato le parole immanenza e trascendenza non a caso. Sono le parole di Simone de Beauvoir che in questi due atteggiamenti individua i diversi destini della donna e dell'uomo. Ne *Il secondo sesso*, de Beauvoir ci mette in guardia non solo dal crescere le bambine come delle madri e spose in miniatura, ma anche dal crescerle come dei maschi pensando di sottrarle al destino del loro sesso:

> Se è educata come un maschio, la fanciulla si sente un'eccezione e perciò subisce una nuova forma di specificazione. Stendhal l'ha ben capito; egli diceva: «Bisogna piantare nello stesso tempo tutta la foresta».[38]

Liberare l'educazione delle bambine e delle ragazze negando la loro individualità non è un atteggiamento trascendente, perché a vincere è nuovamente quel modello di mascolinità che già prevale a sufficienza, vuol dire confinarle in una forma più sofisticata di immanenza. Ma se decidiamo di accettare le differenze a discapito della differenza, dovrebbe esserci chiaro che non si eliminano gli stereotipi di genere che affliggono la donna

[38] S. de Beauvoir, *op. cit.*, p. 828.

imponendole quelli dell'uomo. Non sarà obbligando una bambina a giocare a calcio, se non è ciò che desidera, che la faremo diventare un giorno una donna libera. Bisogna, come dice Stendhal, «piantare tutta la foresta»: abbandonare completamente l'idea che in un negozio di giocattoli da una parte ci debbano stare i passeggini nelle confezioni rosa con ritratte sopra delle bambine, e dall'altra i robot blu con i ragazzini. Che nella libreria ci sia il reparto con i libri per bambine – rigorosamente sulla moda, il make-up, le principesse – e dall'altra quelli per i maschi – con gli agenti segreti, i camion e le spade laser.

Piantare tutta la foresta è stare dalla parte delle bambine, perché sarà solo crescendole con la convinzione che possono fare, esprimersi ed essere tutto quello che vogliono, che formeremo una generazione di donne (e uomini) consapevoli. Stare dalla parte delle bambine significa credere nel loro potenziale non di piccole spose o piccole madri, ma di grandi donne – al momento alte un metro e dieci. Non si tratta ovviamente solo di regalare i giusti giocattoli a Natale. Significa, a un livello più profondo, dotarle di tutti gli strumenti di cui hanno bisogno per costruirsi l'indipendenza. Insomma, crescerle libere dagli stereotipi, lasciare che formino la propria identità di genere come meglio credono. Anche se spesso non consideriamo che ogni persona adulta trans o *genderfluid* un tempo è stata bambina, piantare tutta la foresta significa anche lasciare che bambini e bambine vivano al meglio la loro soggettività e la scoperta del corpo, senza pressioni, senza condizionamenti, senza ansia di inscatolarla ed etichettarla o, ancora peggio, correggerla.

Questa volontà di "correggere" i bambini rientra in una più ampia visione dell'infanzia come di qualcosa che va regolamentato a tutti i costi. Un'esigenza, questa, che si sposa perfettamente con il sistema capitalistico in cui tutto va organizzato come all'interno di un'azienda. I bambini sono i membri *junior*: imparano le basi del mestiere di vivere, ma il vero lavoro lo faranno solo una volta divenuti *senior*, cioè adulti. Nel frattempo, possono starsene in una bolla, protetti, schedati, al sicuro. La bolla però scoppia durante l'adolescenza, cioè nel momento in cui cominciano a prendere consapevolezza del meccanismo che li ha tenuti buoni per più di dieci anni, che ha assegnato loro un ruolo, un'etichetta. I numeri parlano chiaro: la depressione adolescenziale è in costante aumento, così come il numero dei suicidi.[39] I ragazzi sono parcellizzati, isolati, spaesati da questo mondo che li vuole più performanti che vivi. Anche la scuola ora non fa altro che misurare le famose competenze, in una logica aziendalistica che fa rabbrividire. Oltre a tutto questo devono sobbarcarsi il senso di colpa degli adulti che scaricano loro addosso tutta la frustrazione per un mondo che gli scivola via dalle mani e con cui non riescono più a stare al passo. E questo accade in modo ancora più evidente nei confronti delle ragazze, il perfetto capro espiatorio per la rabbia degli uomini di mezza età delusi e incapaci di assumersi le proprie responsabilità. Le ragazze stupide, frivole, superficiali, sempre attaccate al cellulare. Le ragazze troie, puttane, cagne.

[39] BlueCross BlueShield, *The Economic Consequences of Millennial Health*, www.bcbs.com, 6 novembre 2019.

Le ragazze e i loro corpi sono l'oggetto perenne di un tabù attrattivo e respingente. Il nostro immaginario esalta in continuazione il valore della giovinezza del corpo, al punto che le donne adulte vi aspirano in modo parossistico. Ma allo stesso tempo le ragazze non possono esercitare la facoltà del desiderio come preferiscono, destinate a essere sempre oggetti e mai soggetti. Vengono rappresentate in modo ossessivo, il loro corpo standardizzato in un'unica possibilità di esistenza. Quelle che si emancipano, che aspirano alla trascendenza, sono condannate alla derisione del mondo degli adulti. Nessuno crede nelle ragazze e nel loro potenziale. Nessuno ha la pazienza di fermarsi ad ascoltarle quando hanno qualcosa da dire. Faccio due esempi su tutti: Silvia Romano, ventiquattrenne volontaria italiana rapita in Kenya, criticata anche da un giornalista "di sinistra" su uno dei principali quotidiani italiani perché avrebbe potuto sfogare le sue «smanie di altruismo»[40] (vedi alla voce "protagonismo") anche qui in Italia; Greta Ramelli e Vanessa Marzullo, le due volontarie rapite e poi fortunatamente liberate in Siria nel 2014, oggetto per settimane dell'odio più spinto perché donne che hanno "osato" inseguire la trascendenza, anziché starsene chiuse in casa. In entrambi i casi, l'*hate speech* è stato sfogato proprio sui loro corpi, corpi che loro stesse avrebbero messo in pericolo, lasciandoli alla mercé degli uomini cattivi. E così sono fioccati auguri di stupri e di violenze, perché la punizione per la troppa intraprendenza deve essere sempre una punizione corporale. Secondo

[40] M. Gramellini, "Cappuccetto Rosso", «Corriere della Sera», 22 novembre 2018.

questa retorica, che può essere più o meno esplicita, il corpo delle ragazze sarebbe soltanto un oggetto di piacere o di coercizione.

Un destino simile tocca a Greta Thunberg, la sedicenne svedese che ha dato vita al movimento globale per il clima Fridays for Future, presa di mira da chi ne dileggia l'aspetto e da chi si è convinto che senz'altro dietro il suo impegno deve esserci un qualche non meglio definito "potere forte" – perché una ragazza non può essere in grado di fare dal niente una cosa simile. Ma Greta, anzi, qualsiasi adolescente, non è mai "niente". È invece un tutto, in mille direzioni. La visibilità delle ragazze in quanto corpi fisici si scontra con la loro invisibilità in quanto corpi sociali. Come corpi fisici, le ragazze sono al centro del discorso e del giudizio: le bambine e le ragazze sin dall'infanzia sono abituate a essere esaltate per le loro caratteristiche estetiche. "Ma che bella bambina! Che bel vestitino!". Quello che nasce come un innocente complimento fa scattare in ogni ragazza la scintilla del dubbio, che la porterà inevitabilmente a legare il suo valore di persona alla capacità di corrispondere a quelle preferenze estetiche. E così il giudizio sarà tanto severo da parte degli altri quanto da loro stesse. Si abitueranno a pensarsi come l'immagine che restituiscono a uno spettatore, preferibilmente maschio. E così sentiranno venire sempre meno quel corpo sociale che è più difficile da costruire, misurare e giudicare. Ci rinunceranno, in un certo qual modo, perché è molto più semplice – e gratificante – sentirsi dire "ma che bella bambina! Che bel vestitino!" e pensare che il proprio valore sia tutto racchiuso lì. Se questo succede, è perché a nessuno interessa dire alle bambine e alle ragazze che quel corpo sociale si può coltivare, che non è oggetto ma soggetto, e che i soggetti possono non solo sottrarsi allo sguardo alieno, ma anche guardare e plasmare il mondo con i propri occhi.

La visibilità del corpo fisico è un peso enorme da sostenere quando sei una ragazza. Implica la fatica di rispondere a un certo canone estetico e comportamentale in un momento della propria vita in cui tutte le norme saltano in aria. Farsi accettare non solo dagli adulti, ma anche dai coetanei che ruminano in quello stesso *milieu*, spesso incapaci di riconoscersi parte dello stesso sistema, è qualcosa in cui non possiamo lasciare sole le ragazze. A maggior ragione perché l'educazione parcellizzata e individualista ha già pronta per loro l'etichetta di "adolescenti stupide". Un'etichetta che è condivisa non solo da censori e moralisti, ma anche da persone che si dichiarano illuminate (spesso maschi bianchi di mezza età, che almeno in Italia pensano di essere portavoce della sinistra progressista) ma che non fanno altro che esercitare forme sempre più sofisticate di paternalismo. "Ma che ne vuoi sapere tu, io alla tua età...", e variazioni sul tema. Non finirà mai di stupirmi la solerzia e l'impegno con cui, di fronte al successo di una donna giovane, una nutrita schiera di maschi tenterà di decostruire le sue imprese: ogni minimo aspetto delle sue azioni sarà analizzato nel dettaglio, passato al vaglio della "logica" e del "buonsenso". E tutto per sottolineare la distanza, l'impossibilità e l'inconciliabilità tra la donna e le facoltà logiche, per rimarcare ancora una volta che a lei pertengono solo l'irrazionalità e la passione. Caratteristiche che cento anni fa giustificavano la sua esclusione dai diritti politici e, almeno nel nostro Paese, fino a sessant'anni fa anche dalla magistratura, perché la donna «è fatua, è leggera, è superficiale, emotiva, passionale, impulsiva, testardetta anzichenò, approssimativa sempre, negata quasi sempre alla logica, dominata dal "pietismo", che non è la "pietà"; e quindi inadatta a valutare obbiettivamente» come scriveva nel 1957 il magistrato Eutimio Ranelletti in un pamphlet contro l'accesso delle donne a questa professione.[41] Se a questo si aggiunge la gioventù, che nell'immaginario comune è l'età dell'assenza di senno per eccellenza, è presto detto: le ragazze non sono buone a niente, se non a essere solo corpo, sottomesse alle loro passioni.

E ancora una volta questo ci riporta alle corsie del negozio di giocattoli, e alla divisione netta tra l'esercizio del raziocinio riservato ai bambini, con i giochi che li preparano al mondo del lavoro e del fare, e l'esercizio dell'estetica e della cura per le bambine, che imparano a essere belle e a prendersi cura dei neonati. Il destino della donna è, insomma, legato al suo corpo. Per lei non esiste altro che quella dimensione tangibile che condiziona ogni sua azione, da cui non può prescindere. Ed è un destino segnato dalla presenza dell'utero, che da Ippocrate in poi è diventato la causa di tutti i mali. Nel *Corpus hippocraticum*, il medico greco o chi per lui attribuiva la causa di ogni disagio femminile all'organo riproduttivo. L'*hýsteron*, l'utero errante che si sposta e ci fa sragionare. Per secoli l'isteria – una

[41] E. Ranelletti, *La "donna giudice" ovverosia la "grazia" contro la "giustizia"*, Giuffrè, Milano 1957.

malattia inventata, oggi ridefinita secondo altri termini e slegata dalla condizione femminile – è stata usata come una scusa per imprigionare le donne, confinarle, escluderle dalla vita pubblica. E c'è chi ancora oggi invita le donne, specie le più giovani, a farsi da parte perché qualcun altro, di più vecchio, di più competente o semplicemente con dei cromosomi e dei genitali diversi, ne sa più di loro.

Qui mi permetto di aprire una parentesi personale. Ho ventiquattro anni, sono giovane e ho la fortuna (che generalmente considero più una sfortuna) di dimostrare molti meno anni di quelli che ho. Spesso, quindi, mi capita di essere scambiata per un'adolescente. Questo ha dei risvolti divertenti, aneddoti perfetti da raccontare al bar – come quando il mio partner viene scambiato per mio padre o quando mi chiedono di esibire un documento di identità se ordino da bere alcolici – ma ha anche delle conseguenze negative. In moltissime occasioni mi è capitato di essere trattata, soprattutto da uomini di mezza età, come se fossi una bambina da guidare e prendere per mano. Anche una volta chiarita la mia età adulta (e talvolta anche il mio ruolo professionale di giornalista, perché questo è accaduto anche in ambito lavorativo), non sono mancati sfoggi di paternalismo, battute fuori luogo o sopraffazioni da parte di uomini più grandi. E, in ogni caso, non dovrebbe essere necessario per me o per nessuna donna attestare la propria maggiore età per essere presa sul serio. Questo accade continuamente a tante giovani donne in tutti gli ambiti professionali, soprattutto se si trovano in una posizione gerarchica inferiore. L'ho visto con i miei occhi, a un'importante fiera dell'editoria. Una giovane ragazza della mia età, una professionista probabilmente in uno dei suoi primi impieghi, trattata come "premio" da una cinquina di maschi di mezza età, che si contendevano la sua compagnia, o meglio la compagnia del suo corpo. Queste occasioni sono sì ordinarie manifestazioni di sessismo, ma sono anche un problema di natura sistematica. Se le bambine sono state educate a percepirsi come non necessarie, decorazioni di quel bel salotto che puzza di sigari che è il patriarcato, uniche destinatarie di quei giocattoli rosa che le addestrano solo a essere madri o a essere belle, quando si troveranno in una situazione simile (me compresa, l'ho fatto molte volte anche io) si limiteranno a ridacchiare, a sorridere imbarazzate, al massimo ad arrossire per la vergogna. Ma staranno zitte. E così perpetueranno quel sistema ingiusto che le vuole in questo modo, perché fa comodo così.

Nel saggio *Gli uomini mi spiegano le cose*, Rebecca Solnit fa un paragone importantissimo: quando gli uomini mettono a tacere le donne è come se compiessero una sopraffazione fisica,

> [...] insegnando loro, come fanno le molestie per strada, che questo mondo non appartiene a loro. Per noi è un addestramento all'insicurezza e all'autolimitazione, mentre gli uomini mettono in esercizio la propria immotivata tracotanza.[42]

[42] R. Solnit, *Gli uomini mi spiegano le cose. Riflessioni sulla sopraffazione maschile*, Ponte alle Grazie, Milano 2017, p. 10.

Gli insulti a Silvia Romano, a Greta Thunberg, a tutte le ragazze che osano inseguire la trascendenza, la necessità impellente dei commentatori maschi di insegnare loro come si sta al mondo, sono una violenza. Una violenza motivata e giustificata da un sistema che preferisce le bambine e le donne ferme e silenziose. Certamente si tratta di una violenza diversa da quella che si può riportare alla polizia (anche se spesso, tra minacce di stupro e di morte nei commenti online, gli estremi per una denuncia ci sono tutti). Ma ignorare questo tipo di aggressione non fa altro che esasperare la sensazione che la propria voce non conti, che la propria presenza sia superflua. Non tutti gli uomini commettono questo tipo di violenza con l'intento esplicito di fare del male. Anzi, spesso nemmeno si accorgono del danno che provocano, e questo proprio perché rientra nello spettro della violenza sommersa, perché sistemica, scontata, insita nella nostra società. Di fronte a una donna che si oppone al paternalismo o al *mansplaining* – quella fastidiosa tendenza di molti a spiegare le cose alle donne, persino quando queste ultime ne sanno più di loro – anche solo facendo notare di esserne vittima, la maggior parte degli uomini ha una reazione di rabbia. La negazione si risolve, solitamente, con un'altra occasione di *mansplaining* in cui l'uomo spiega, con lo stesso tono paternalistico, se non peggiore, perché quello che ha appena detto non è *mansplaining*. Questa violenza, come tante altre, resta sotto la superficie del visibile. E in quanto mette in discussione la credibilità di una donna, quando quest'ultima si ribella alla violenza, ecco che non viene creduta, in un *loop* infinito. Ma il cerchio si può spezzare se altre donne, altri uomini e altre persone riconoscono quella violenza, ne prendono atto e sanno darle un nome. E a volte sanno reagire.

Molto spesso gli uomini si appoggiano ai fatti e alla logica per spiegarti perché sei in errore, anche quando magari possiedi le loro stesse competenze e conoscenze, se non superiori. Talvolta, si mettono anche a discutere della tua percezione delle cose, o a mettere in dubbio che quello che racconti (spesso, un episodio di molestia o un'ingiustizia subita) sia andato proprio così. Secondo Eurostat, il 51% delle donne, e in particolar modo le più giovani, evita di esprimere le proprie opinioni online perché teme ripercussioni violente.[43] Una volta ho raccontato su Facebook di essermi trovata in una situazione di disagio nel bar di una stazione, perché mentre aspettavo che arrivasse l'ora di avvicinarmi al binario, un uomo si è seduto di fronte a me e ha cominciato a fissarmi. Nel post raccontavo di come mi sentii sopraffatta e impaurita perché un uomo si era messo a guardarmi in quel modo. Non ho tirato in ballo le parole "molestia" o "violenza", perché stavo raccontando di una mia esperienza e delle sensazioni negative che avevo provato e non volevo né ero in grado di dare un nome a quello che mi era successo. Molti uomini si sono messi a spiegarmi con "fatti e logica" che la mia paura era stata irrazionale e immotivata. Non per consolarmi o farmi forza, ma per accusarmi di aver messo alla gogna uno sconosciuto, per darmi della fissata e della "nazifemminista". Il sottinteso

[43] Publications Office of the European Union, *2019 Report on equality between women and men in the EU*, 2019.

di quelle parole, che io ho subito come un'ulteriore violenza, era: la tua storia non vale niente, non ci interessa, stai zitta. Dalla loro parte avevano quella che loro chiamavano "oggettività", nonostante fossi io, e non loro, quella presente sulla scena: siamo proprio sicuri che le cose siano andate così?

Una cosa simile accade quando la cronaca riporta la notizia di uno stupro o di un abuso sessuale. Ci saranno sempre i garantisti a tutti i costi. "Bisogna vedere se è vero", "Aspettiamo gli esiti delle indagini", "Ultimamente volano un po' di false accuse". Ma un conto è l'ordinamento giuridico, un altro è alzare le mani di fronte a una donna che condivide una storia e scegliere di non crederle a prescindere in previsione di un giudizio (che spesso impiegherà decenni ad arrivare), un parere che si confonde con la verità. Posto che le stime di quante siano le accuse di stupro false o infondate – che combinano dati raccolti da tre differenti ricerche – vanno dal 2 al 7%,[44] è necessario credere alle storie delle donne, sostenerle, stare loro vicino. Non si tratta di giustizialismo a tutti i costi: per la giustizia esiste la legge e non è nostro compito verificare l'innocenza o la colpevolezza degli imputati. Ma è sbagliato, di fronte alla storia di una persona che racconta un momento di vulnerabilità, richiamarsi necessariamente al dubbio che si sia inventata tutto. Non è un caso se gli avvocati dell'accusa fanno di tutto per dimostrare non che il proprio assistito sia innocente, ma che la vittima sia poco

[44] *False Reporting*, National Sexual Violence Resource Center, www.nsvrc.org, 2012.

credibile: se un processo si conclude con un'assoluzione per insufficienza di prove, non è detto che la persona accusata sia innocente. Ma come ho detto, non spetta all'opinione pubblica stabilire le colpe. Ciò non toglie che dobbiamo dare fiducia alle donne, e darla anche alle loro percezioni.

Nelle discussioni, online e nella vita reale, l'oggettività è vista come un valore assoluto ed è generalmente considerata migliore della soggettività, dell'opinione e dei sentimenti. Anche molti politici amano attestare la loro propaganda con continui richiami ai dati, ai fatti, ai numeri, alle "cose come stanno". Questo perché essere razionali, oggettivi, significa nell'opinione comune essere migliori, essere infallibili. Ma anche i fatti e la logica possono essere falsati, mal interpretati o addirittura mal concepiti. Persino la statistica non è una scienza assoluta o neutra, perché non sono assolute o neutre le premesse su cui si basa la società. E di fronte al vissuto, alle storie delle donne e delle minoranze, la famosa oggettività non riesce a spiegare tutto. Come si spiega, ad esempio, che non risultino nelle statistiche che riguardano la violenza sessuale quegli abusi di minore entità, di cui ognuno di noi conosce almeno una donna che ne sia stata vittima? Palpeggiamenti, *catcalling*, esposizione dei genitali. Come si misura statisticamente la paura di una donna che viene seguita da uno sconosciuto per un chilometro? Seguire una persona dopotutto non è reato. Queste violenze apparentemente minori, che sfuggono al radar delle rilevazioni scientifiche, semplicemente non vengono dette, sono invisibili. Non vengono raccontate, o perlomeno non vengono raccontate pubblicamente. E questo avviene proprio perché le donne sanno già, quasi implicitamente, che la loro credibilità sarà messa in dubbio, che è più conveniente tacere, che ci sarà sempre un uomo pronto a dirle che esagera, perché la donna «è fatua, è leggera, è superficiale, emotiva, passionale, impulsiva, testardetta anzichenò, approssimativa sempre, negata quasi sempre alla logica, dominata dal "pietismo", che non è la "pietà"; e quindi inadatta a valutare obbiettivamente».

In generale, per alcune donne è molto difficile reagire, specialmente se non si ha un carattere estroverso o la lingua tagliente. L'incapacità di reagire, molto comune anche nei casi di *catcalling* o di molestia, aggiunge un ulteriore tassello, un'ulteriore colpa a quella che già naturalmente deriva dall'essere oggetto di attenzioni morbose, ovvero l'idea di essere deboli. Quello della "donna forte" che risponde alle discriminazioni con veemenza e consapevolezza di sé è sempre stato un feticcio del movimento femminista. *She's beautiful when she's angry*, titola un bel documentario sul femminismo storico. La rabbia e la forza sono servite ai femminismi in un momento in cui era necessario essere arrabbiate e forti. Anche oggi lo è, ma non tutte le donne ne sono capaci. Se c'è una cosa che ci ha insegnato #MeToo, infatti, è che le reazioni delle persone di fronte agli abusi possono essere davvero inaspettate. C'è chi ha bisogno di tempo, c'è chi è istintivo, c'è chi preferisce affrontare le cose nel modo più razionale possibile, c'è chi tende a negare. Non tutte possediamo quella scintilla dentro di noi che ci rende in grado di rispondere in pochi secondi a uno stimolo negativo. Ma c'è una facoltà di cui siamo tutte dotate, ed è quella di costruire sulle nostre esperienze e su quelle delle altre donne una coscienza collettiva, di fornirci reciprocamente gli strumenti per riconoscere un abuso quando lo vediamo commesso sulle altre e su noi stesse. È l'uso della rabbia che ci indica Audre Lorde: siamo state cresciute alla remissività, alla passività, all'inazione. Lorde ci invita a esplodere, anche se non è detto che questa esplosione debba avvenire in modo immediato. «La rabbia è un dolore di distorsioni tra pari, e il suo oggetto è il cambiamento»,[45] disse nel discorso d'apertura della National Women's Studies Association Conference a Storrs, Connecticut, nel 1981. Lorde distingue tra questa rabbia, una rabbia sana, che è l'elaborazione di decenni di soprusi (nel caso specifico della conferenza, l'autrice parla della condizione delle donne nere), dalla rabbia segnata dall'odio.

La capacità di reazione risiede proprio in questo dolore condiviso che comincia a esistere solo se ci sono quelle reti che permettono alle donne e alle soggettività oppresse di raccontare le proprie storie. È indispensabile fare muro intorno alle donne, specialmente le più giovani, che subiscono la sopraffazione del potere maschile anche nelle forme più sottili.

[45] A. Lorde, *Sister Outsider: Essays & Speeches by Audre Lorde*, Crossing Press, Berkeley 2007, pp. 124-133. Trad. it. di Maria Cecilia Ercoli, nonunadimenomc.wordpress.com, 30 ottobre 2018.

Capitolo 5

Questo è il mio sangue

La prima regola del club delle mestruazioni è che non si parla mai di mestruazioni. Questo perché come il club clandestino dove combatte Tyler Durden, il nostro ciclo deve rimanere un segreto, una battaglia sotterranea a cui la società non può ma soprattutto non deve assistere.

Talvolta, alcune donne decidono di renderla manifesta e di dire al mondo: "C'è del sangue che esce dalla mia vagina". Spesso lo si fa per motivi di dissenso o protesta. Nel 2015, Kiran Gandhi ha corso la maratona di Londra con il ciclo. Non si è trattato di una scelta programmata: il giorno prima della corsa le è venuto e basta. Aveva tre opzioni davanti a sé: rinunciare alla competizione, usare un assorbente, oppure correre come se niente fosse. Kiran ha scelto quest'ultima coraggiosa opzione, rendendo una semplice gara un atto politico di grandissima rilevanza. Scrive l'atleta sull'«Huffington Post»:

> Non sapevo cosa fare. Ma sapevo di essere fortunata a potermi permettere gli assorbenti e a far parte di una società che, almeno, tratta l'argomento "ciclo" con una certa normalità. Avrei potuto scegliere di partecipare sacrificando la comodità e affrontarla con calma. Ma poi ho pensato... Se c'è una persona che la so-

cietà non può insultare, è un maratoneta. Non puoi dire ad un corridore di darsi una pulita o di dare la priorità agli altri. Avrei potuto decidere di partecipare o meno alla maratona, in quello stato di "imbarazzo". Ho deciso di prendere del Midol, sperando di non avere crampi, di sanguinare liberamente e di correre, semplice.[46]

Kiran con il suo gesto così semplice eppure così dirompente ha deciso di rendere visibile l'invisibile: tutti i giornali del mondo ne hanno parlato e l'hanno intervistata. Da un certo punto di vista, sembrava che l'incredibile notizia fosse che una donna aveva le mestruazioni. Poco tempo prima, la poetessa e *spoken word artist* Rupi Kaur aveva pubblicato su Instagram una foto di se stessa con i pantaloni sporchi di sangue mestruale. Il social network rimosse l'immagine. Kaur la ripostò, e il suo account fu bannato. Solo dopo l'attenzione dei media di tutto il mondo, Instagram ha ammesso di aver rimosso l'immagine per errore – o almeno questa fu la giustificazione comunicata a Kaur. Eppure ancora oggi su internet (dove si possono reperire con facilità le immagini più disgustose e violente) il sangue mestruale è oggetto di censura e ban. Il sangue mestruale "viola gli standard della community", la stessa community i cui standard non sono violati dall'*hate speech*, dalle minacce, dagli insulti, dall'apologia di fascismo, dalle rappresentazioni più truculente. Ma il sangue mestruale no, non sia mai. Il sangue mestruale è il grande assente, non solo

[46] K. Gandhi, "Why I Ran The London Marathon During My Period And Didn't Wear A Pad Or Tampon", «Huffington Post», trad. it. di Milena Sanfilippo, 18 agosto 2015.

su internet. Persino dove sarebbe ragionevole mostrarlo non c'è: nelle pubblicità degli assorbenti, il sangue è un fluido blu o rosa, di un colore e di una consistenza rassicuranti, come a dirci: "Tranquille, quello non è vero sangue, quella brutta cosa non esiste". Eppure, tutte noi dobbiamo imparare a convivere col sangue sin dal momento in cui per la prima volta compare, si palesa, si mostra, esiste nelle nostre mutande. Impariamo a conoscerlo, a misurarlo e a prendere delle contromisure. Conosciamo quantità, qualità, densità, odore. Anche le più timide tra noi, che non hanno il coraggio di guardarla negli occhi, devono avere a che fare con questa entità che ci accompagna per buona parte della nostra vita, e per questo devono sviluppare con lei un rapporto di intimità, o perlomeno di prossimità. Anche se molte di noi ne farebbero volentieri a meno.

Le mestruazioni ci sono ma è come se non ci fossero, non solo nelle pubblicità o nelle altre rappresentazioni. Anche nelle nostre vite sono ospiti invisibili. Se siamo mestruate, solitamente nessuno se ne accorge: continuiamo a fare le cose normali, o rifiutiamo educatamente di farle chiamando in causa indisposizioni e malesseri. Il sangue va nascosto o se possibile eliminato. In America – dove i tamponi sono il prodotto di igiene mestruale più venduto – la critica femminista ritiene che il successo delle vendite di questo prodotto rispetto all'assorbente esterno si spieghi con la sua capacità di nascondere del tutto il sangue alla nostra vista. Oltre che non visto da noi, il sangue non va fatto vedere soprattutto ad altri. Se abbiamo i pantaloni bianchi, chiediamo all'amica di controllarci: «Sono a posto?». Questo complesso di azioni, stratagemmi e condizionamenti per sottrarre alla vista il sangue mestruale è il *passing*, così come lo chiama Sharra Vostral: passare per una non-mestruante.[47] Questo perché il ciclo viene considerato come un momento di debolezza, vulnerabilità, se non addirittura instabilità mentale per una donna, e in una società competitiva e performante come la nostra mostrarsi fragili è rischioso. Per lo stesso motivo, fatichiamo ad ammettere che il ciclo è doloroso, fastidioso, a volte insopportabile, ingoiando in fretta e senza dare troppo nell'occhio qualche antidolorifico e facendoci forza per superare la giornata. Non solo è importante nascondere il sangue, ma anche eludere le conseguenze della sua presenza, come il dolore, il malessere, la stanchezza: la società, pur essendo composta al 50% da donne, non può conciliare un evento che capita alla maggior parte di esse per molti giorni della loro vita. È buffo che il pensiero conservatore, così ossessionato dalla "naturalità" delle cose, così avverso a ciò che considera "contro natura" non possa tollerare il pensiero, la vista o anche solo il discorso attorno a uno dei fatti più naturali che coinvolgono il corpo umano. Pensiamo alle reazioni isteriche causate dalla campagna pubblicitaria "Blood Normal" di Nuvenia, uno dei rarissimi casi in cui veniva mostrato del sangue mestruale, o qualcosa che gli somigliava.[48]

È un'esigenza moderna quella di nascondere le mestruazioni, non solo dovuta a ragioni sociali, ma anche

[47] S.L. Vostral, *Under Wraps: A History of Menstrual Hygiene Technology*, Lexington Books, Lanham 2008.

[48] R. Lancellotti, "Blood is normal, lo spot provocatorio che divide il web", «Il Secolo XIX», 20 settembre 2019.

in parte a ragioni biologiche. Gli studi ci dicono che nell'antichità le donne avevano meno cicli mestruali (sia perché erano spesso incinte o allattanti, sia perché l'alimentazione e lo stile di vita erano diversi) e in generale – al netto di tutti i tabù religiosi e le superstizioni popolari – il flusso mestruale era considerato un fluido corporeo come gli altri. In età moderna, con la progressiva medicalizzazione del corpo femminile e della ginecologia e soprattutto con il radicale cambiamento dello stile di vita delle donne, le mestruazioni si sono dovute confrontare con la società, che non è stata pronta ad accoglierle. Sono diventate, in un certo senso, un problema pubblico, se vogliamo un problema politico. Ed è in questo delicato passaggio, verso la fine dell'Ottocento, che il sangue mestruale scompare alla vista, proprio nel momento in cui si cominciano a produrre a livello industriale i primi prodotti di igiene mestruale. Persino nel discorso proto-femminista il ciclo è un tabù, perché è considerato un segno di debolezza, un marchio della condizione femminile che distingue irrimediabilmente la donna dall'uomo. Un rischio, nell'epoca in cui si perseguiva l'uguaglianza e non la parità. La "sparizione" del ciclo è quel senso di estraniazione che da sempre la donna prova per il proprio corpo, come se non le appartenesse. Come dice Simone de Beauvoir ne *Il secondo sesso*, la donna «sperimenta il suo corpo come una cosa opaca, alienata, in preda a una vita ostinata ed estranea che in esso ogni mese fa e disfa una culla».[49]

[49] S. de Beauvoir, *op. cit.*, p. 109.

Tale alienazione è evidente sin dal momento in cui la donna ha le mestruazioni per la prima volta: non importa quanto sarà istruita o preparata, per lei sarà quasi sempre uno shock, un momento in cui capirà che non c'è modo di fermare o comandare e spesso nemmeno prevedere il suo flusso. «La donna come l'uomo è il suo corpo», dice de Beauvoir, «ma il suo corpo è altro da lei».[50] Il sangue mestruale, il grande assente, si mostra per la prima volta in maniera improvvisa e traumatica. Da quel momento, totalmente imprevedibile, la vita della donna sarà scandita da una lunga opera di nascondimento di quel trauma e della sua evidenza sensibile. I prodotti per l'igiene mestruale sono un aiuto prezioso in questo senso: i più diffusi, gli assorbenti interni ed esterni, come dice il loro nome, servono ad assorbire il flusso, a nasconderlo alla nostra vista.

Sono metodi antichi: abbiamo notizia dal Papiro Ebers (1550-1450 a.C. circa) che nell'antico Egitto le donne facevano una specie di impasto con terra, miele e galena, lo spalmavano sulle bende di lino e le inserivano nella vagina, creando una sorta di tampone.[51] Nel Medioevo, si usava invece lo *Sphagnum palustre*, una specie di muschio dall'alto potere assorbente.[52] Nell'età moderna si è dato grande impulso all'igiene mestruale grazie alla produzione su vasta scala di assorbenti, sia interni

[50] *Ibidem.*

[51] P. Habiger, *Menstruation, Menstrual Hygiene and Woman's Health in Ancient Egypt*, Museum of Menstruation, www.mum.org, 1989.

[52] K. Harris, L. Caskey-Sigety, *The Medieval Vagina: An Historical and Hysterical Look at All Things Vaginal During the Middle Ages*, CreateSpace, Scotts Valley 2014.

che esterni, e oggi la donna ha a disposizione moltissime soluzioni, dal tampone alla coppetta mestruale, dall'assorbente esterno alle mutande assorbenti. Tutti questi prodotti, in maniera diversa, ci permettono di vivere la nostra vita senza che nessuno – a parte noi – veda quel sangue interdetto.

L'accesso all'igiene mestruale ha permesso e tuttora permette a milioni di donne di condurre la propria esistenza quotidiana senza che il sangue mestruale vi si frapponga, condizione che consideriamo necessaria non solo per lo svolgimento delle attività abituali, ma anche per la nostra indipendenza. Anche in quelle culture dove il sangue è stato liberato dai numerosi tabù che lo circondano, le donne vanno incontro a molti problemi pratici o logistici nella gestione del ciclo, che può diventare un ostacolo per la loro autonomia. In alcune zone del mondo le bambine, raggiunto il menarca, smettono di andare a scuola perché non hanno altro prodotto per assorbire il sangue se non delle bende di tessuto, che una volta intrise di sangue vanno lavate – operazione molto difficile da fare fuori casa. In molti di questi Paesi si ignora l'esistenza degli assorbenti industriali, oppure sono difficilmente reperibili. *Period. End of sentence*, film del 2018 di Rayka Zehtabchi, vincitore dell'Oscar per il miglior cortometraggio documentario, mostra come una semplice macchina per fabbricare assorbenti generi un circolo virtuoso nella città di Hapur, in India. Le donne, prima relegate in casa a causa del ciclo, producono assorbenti per loro stesse e per venderli alle altre donne della comunità, che vengono poi coinvolte in prima persona nella produzione, garantendosi per la prima volta l'autonomia economica. Pian piano il tabù del ciclo viene smantellato: le donne mostrano orgogliose o imbarazzate gli assorbenti agli uomini incuriositi e altrettanto imbarazzati, segno tangibile che non sono più costrette a celare il loro essere mestruate. In generale, quello dell'accesso all'igiene mestruale è un problema ignorato e raramente affrontato anche dalle organizzazioni non governative che si occupano di salute riproduttiva e sessuale.

Anche in Occidente, dove le superstizioni riguardo il ciclo sono perlopiù superate (ma non del tutto) e dove la disponibilità di dispositivi igienici è altissima, per alcune donne il ciclo può essere un impedimento, come ad esempio per le atlete professioniste, le soldatesse o le astronaute. Alle Olimpiadi di Rio, la nuotatrice cinese Fu Yuanhui, in un'intervista a bordo vasca dopo una gara, disse alla cronista che la performance non era andata bene perché aveva il ciclo mestruale: una spiegazione plausibile, ma per molti scioccante. Inoltre, esistono patologie e condizioni mediche, come l'endometriosi, che rendono il ciclo particolarmente doloroso e invalidante. Per questo molte donne scelgono di sopprimerlo mediante una terapia ormonale. Gli anelli vaginali e i dispositivi intrauterini sospendono l'ovulazione, "illudendo" il nostro corpo che vi sia una gravidanza in corso. Questo viene fatto da tutti i contraccettivi ormonali, anche se per quanto riguarda la pillola, la maggior parte di quelle in commercio prevede una sospensione di sette o quattro giorni in cui compare una "falsa" mestruazione. La comparsa del sangue non è fisiologicamente necessaria, ma viene provocata sia per "tranquillizzare" la donna sia per ragioni culturali. Molte mie conoscenti che assumono la pillola, magari da anni, ignorano il fatto di avere delle mestruazioni false. Io stessa l'ho ingenuamente scoperto molto tardi. A gennaio del 2019, però, il servizio sanitario nazionale inglese ha modificato le sue linee guida per la prescrizione della pillola, raccomandando di non fare la sospensione o di non assumere le pillole placebo, in modo da avere una migliore copertura contraccettiva ed evitare sbalzi ormonali.[53] Dimostrando, di fatto, che abbiamo sbagliato ad assumere la pillola per cinquant'anni o, da un altro punto di vista, che per cinquant'anni le donne sono state ingannate sulle loro mestruazioni. Uno dei motivi per cui la maggior parte delle pillole prevede la sospensione è dovuto al fatto che uno dei suoi inventori, John Rock, era profondamente cattolico e per far accettare la pillola alla Chiesa alla fine degli anni Sessanta – avversa a ogni tipo di contraccezione e fresca di pubblicazione dell'enciclica *Humane vitae* – introdusse questo ciclo indotto per dare l'illusione che la donna fosse comunque fertile, e che la pillola servisse a regolarizzarne il ciclo.[54] La Chiesa non la accettò comunque e John Rock diventò un fervente anticlericale. Oggi sempre più donne decidono di ricorrere alle pillole anticoncezionali non solo come metodo contraccettivo o come terapia per curare o alleviare determinate patologie, ma anche per eliminare il ciclo mestruale dalle proprie vite. Ma il ciclo è davvero qualcosa

[53] A. Forrest, "Contraceptive pill can be taken every day, NHS says in new guidance", «The Independent», 20 gennaio 2019.

[54] N. Frost, "Women get unnecessary periods on the pill because of the Catholic church", «Quartz», 23 gennaio 2019.

di così terribile e indesiderabile da rendersi necessario arrivare a tanto? Qui si può aprire un dibattito interessante: chi può permettersi di farlo, dal momento che le terapie ormonali hanno un costo abbastanza elevato? Farlo è un diritto oppure un privilegio? E soprattutto, è questa l'emancipazione di cui abbiamo bisogno, quella che ci libera dal sangue mestruale? È sempre complicato capire quale sia il limite tra la libera scelta della donna e una forma di oppressione più sofisticata che si maschera da libera scelta. In generale possiamo dire che una scelta è libera quando non vi sono dei condizionamenti che la favoriscano in modo determinante. Posto che nessuna scelta è autenticamente libera, perché siamo tutti condizionati in maniera più o meno incisiva dalla società, dall'ambiente, dalla famiglia in cui siamo cresciuti e dall'epoca storica in cui viviamo e compiamo tali scelte, quello che possiamo limitarci a fare è cercare di capire non tanto se sia giusto o sbagliato che una donna sospenda le mestruazioni, ma per quali ragioni lo faccia.

Le tecnologie hanno il potere di creare e trasformare le nostre soggettività. Quelle che riguardano il corpo giocano un ruolo ancora più importante: il ciclo è uno degli elementi che segna la nostra differenza sessuale, anche se, come ho invitato più volte a fare, questo non significa che dobbiamo scadere nel determinismo biologico né dobbiamo dimenticare che ci sono molte donne che non mestruano: le bambine, le donne in menopausa, le donne trans, le donne affette da alcune malattie, le donne in gravidanza. Per qualcuna, usare la tecnologia medica per eliminare le mestruazioni significa liberarsi di un peso o di un impiccio. Spesso però si sottovaluta o non si prende in considerazione il fatto che ci stiamo sottoponendo a una vera e propria terapia medicinale e farmacologica che stravolgerà il nostro corpo. Spesso non si tiene in conto che scegliendo di assumere a lungo un farmaco, a volte per vent'anni o più – un farmaco che altera quel delicato e complesso sistema che regola i nostri ormoni – poniamo la giurisdizione del nostro corpo non sotto la generica "scienza" o "medicina", ma anche sotto il controllo dell'industria farmaceutica. Senza cadere in discorsi complottisti sulle "case farmaceutiche", una donna che vuole assumere la pillola deve considerare anche questo aspetto spesso sottovalutato o ignorato: chi produce le terapie ormonali, e come? Secondo quali politiche e con quali intenzioni?

La storia della pillola dovrebbe farci riflettere: la prima pillola prodotta, l'Enovid, fu testata su donne portoricane non adeguatamente informate dei suoi rischi. Tre di loro morirono durante l'esperimento. Una delle più agguerrite sostenitrici della sperimentazione della pillola, Margaret Sanger, era animata da idee eugenetiche. Per lei la contraccezione serviva a impedire alle persone povere o mentalmente fragili di procreare, nel pieno spirito di miglioramento della razza. Ovviamente non sto dicendo che la pillola sia sbagliata o faccia male perché il contesto in cui fu concepita e testata, ormai quasi sessant'anni fa, è eticamente discutibile, ma sarebbe auspicabile riflettere anche su quale sia il ruolo del controllo farmacologico nelle nostre vite e, soprattutto, quale sia il nostro grado di consapevolezza nello scegliere di privarle delle mestruazioni. Quasi a cadenza annuale, escono nuovi studi che sembrano suggerire che la pillola non sia così innocua come abbiamo sempre pensato. Abbiamo vissuto per millenni senza pillola, e oggi esistono numerose alternative per la contraccezione che hanno conseguenze meno invasive sul nostro corpo. Oggi la pillola viene data spesso per scontata, quasi come se fosse un passaggio obbligato per qualsiasi donna con una vita sessuale attiva. Non di rado medici e ginecologi la prescrivono con grande leggerezza, senza informare la paziente dei rischi che comporta o, peggio ancora, scegliendola senza indagare le sue esigenze o addirittura la sua anamnesi.

Negli anni Sessanta, la pillola fu uno strumento fondamentale per la liberazione sessuale: per la prima volta le donne potevano fare sesso senza l'incubo della gravidanza indesiderata – quello che Sylvia Plath chiamava il «bambino sospeso come un randello sopra la testa per farmi rigare dritta»[55] – senza che venissero "punite" per la loro vita sessuale. Anche oggi la pillola assolve questa funzione, ma ha anche e sempre più quella di liberarci dal ciclo mestruale o dai suoi fastidi. Il potere emancipatorio della pillola si è spostato quindi dalla società a, per così dire, la biologia. Ci libera non più dal condizionamento culturale che investe la sessualità femminile, ma dalla fisiologica fuoriuscita del sangue mestruale. In questa prospettiva, il sangue ha un valore esclusivamente negativo. Chi gli ha dato questo valore? Chi ci fa odiare così tanto questo sangue?

La società che lo ha nascosto alla vista, lo ha allontanato dai nostri discorsi, lo ha reso un motivo di vergogna.

[55] S. Plath, *La campana di vetro*, Mondadori, Milano 2018, p. 182.

Pensateci: quanti film e libri con protagoniste femminili avete visto e letto? E in quanti si fa accenno alle mestruazioni in modo esplicito? Hermione Granger non ha mai i crampi mestruali in sette anni a Hogwarts. Né Thelma né Louise si fermano in qualche autogrill per cambiarsi l'assorbente. Eppure parliamo di personaggi che vengono solitamente considerati esempi di forza femminile, se non addirittura "femminista". Qualcuno potrebbe obiettare che non sono dettagli rilevanti. Ma in realtà le mestruazioni sono rilevanti: sono presenti nelle vite di quasi metà della popolazione umana. Perché non dovrebbero occupare le pagine di un libro o le scene di un film, che magari pretendono di essere una rappresentazione fedele della realtà? Dire che le mestruazioni non siano importanti o rilevanti – e che quindi non abbiano dignità per stare in una rappresentazione o in una narrazione – inscrive la realtà mestruale nella più ampia idea che il discorso intorno ai nostri corpi sia un discorso di *funzionalità*. La nostra società, altamente tecnologizzata e scientifica, tende a giudicare anche il corpo in questa prospettiva: il corpo mestruante è *disfunzionale*. È un corpo inutile. Nei giorni del flusso, molte attività ci sono precluse: siamo più deboli, più affaticate, spesso doloranti, il sesso vaginale diventa complicato. Siamo meno "performanti", per usare un termine orrendamente neoliberista. Questo crea un paradosso: le nostre mestruazioni – un fatto privato – diventano un'esperienza sociale: la società attribuisce un valore di segno negativo al nostro ciclo e al nostro corpo. Ma, allo stesso tempo, la dimensione sociale delle mestruazioni ci è preclusa: non ne possiamo parlare apertamente, non possiamo viverle liberamente, dobbiamo impegnarci a nasconderle alla nostra vista e a quella altrui. Lo stesso vale per il dolore che possono procurare: è un dolore universale, dato per scontato, quasi "espiatorio", ma che al contempo va combattuto e, se non è possibile risolverlo, celato.

Il dolore mestruale ci fa orrore perché è un ostacolo alla nostra autonomia e alla nostra capacità. Ci siamo educate a evitarlo a tutti i costi, a stringere i denti fingendo che quel dolore non esista. Spesso il motivo per cui lo respingiamo è il lavoro, che sia quello retribuito o quello domestico. Non vogliamo avere il diritto di fermarci e di sottrarci al lavoro, e per questo molte donne respingono la possibilità di avere un congedo mestruale: la considerano una prova della propria debolezza, anzi, della debolezza di un intero genere. Il problema è che se parliamo di dolore mestruale, per tutte le ragioni che ho illustrato finora, parliamo di un dolore politicizzato. È connotato dal genere non solo in quanto biologicamente legato al sesso femminile, ma anche perché ha degli attributi socialmente costruiti, che ne decidono il valore.

Nel novembre 2017, l'attrice e comica Lena Dunham, si è sottoposta a un intervento di isterectomia totale, rimuovendo ovaie e utero. A 31 anni, ha deciso che l'endometriosi non le lasciava vivere una vita normale, e per questo ha scelto una soluzione drastica. Ha raccontato l'operazione e il percorso che l'ha portata a questa decisione sulle pagine di *Vogue* a San Valentino, creando uno scandalo senza precedenti.[56] Improvvisa-

[56] L. Dunham, "In Her Own Words: Lena Dunham on Her Decision to Have a Hysterectomy at 31", «Vogue», 14 febbraio 2018.

mente, tutto il mondo si è messo a pontificare sull'utero di Lena Dunham, criticando il fatto che in questo modo si fosse preclusa la possibilità di fare un figlio, nonostante l'attrice avesse scritto chiaramente che nelle sue condizioni una gravidanza era da escludere, non solo per le eventuali complicazioni, ma anche per il dolore che l'ha accompagnata per tutta la vita. La storia di Lena Dunham è la storia di una donna che rinuncia al suo utero, scelta che l'ha trasformata in un mostro egoista. Torneremo sul tema del dolore femminile, ma quello che ci interessa per il discorso sulle mestruazioni è che ogni scelta che riguarda il nostro utero e il sangue che lo abita deve passare da questa sorta di tribunale pubblico. Questa è stata una scelta grande, grandissima. Ma anche le nostre più minute scelte – dire pubblicamente di avere le mestruazioni, chiamarle con il loro nome, parlarne con le altre persone, maneggiare assorbenti in pubblico senza imbarazzo – sono una sottrazione del sangue mestruale dalla dimensione dell'invisibile.

Le mestruazioni sono una cosa politica, e politico il nostro sangue. Nel suo famoso testo umoristico *Se gli uomini avessero le mestruazioni*, Gloria Steinem racconta un mondo alla rovescia in cui gli uomini, capaci di mestruare, userebbero il sangue per giustificare il loro potere: la guerra, le disuguaglianze di genere, il capitalismo, la religione, le armi, si spiegherebbero con il sangue mestruale. Gli assorbenti sarebbero, ovviamente, gratuiti e forniti dallo Stato.[57] La questione della gratuità degli

[57] G. Steinem, "If Men Could Menstruate", in *Outrageous Acts and Everyday Rebellions*, New American Library, New York 1986.

assorbenti, nel mondo in cui sono le donne ad avere il ciclo, è una questione politica, così come sono politiche le ragioni secondo cui per molti uomini chiedere non tanto di avere gli assorbenti gratis, ma che almeno siano tassati meno dei tartufi, è un capriccio o un privilegio. Le argomentazioni vanno da: "E allora lo Stato dovrebbe regalare anche la carta igienica, visto che la cacca la facciamo tutti!" a "e allora perché non usate la coppetta?". Come sempre, il dito indica la luna e lo stolto guarda la coppetta mestruale. Politica è l'influenza del sangue sulla nostra vita quotidiana, così come politica è la scelta di mostrarlo o occultarlo.

Molti movimenti femministi hanno tentato di riabilitare il ciclo abbracciando una visione "mistica" del sangue. In effetti le mestruazioni sono da sempre simbolicamente significative, nel bene e nel male. Spesso questo recupero è stato fatto da quelle correnti femministe che esaltano il ruolo materno e accogliente della donna. Sono idee legittime, ma a mio parere il rischio è che in questo modo lo stigma contro le mestruazioni anziché venir combattuto venga esaltato: parlare del ciclo come se fosse un fatto sacro o religioso, anche se lo si fa con le migliori intenzioni, contribuisce a perpetrare l'idea che la donna sia mossa da quegli "istinti misteriosi" di cui parlava Simone de Beauvoir. D'altro canto, queste idee sulle mestruazioni fanno da contraltare alla demonizzazione di tutto ciò che è fisiologico e naturale. Movimenti radicali come quello del *free bleeding* forse sono molto scioccanti per la sensibilità moderna, ma a volte la loro azione dirompente serve a smantellare i tabù e a normalizzare quelle azioni che invece rappresentano il famoso "giusto mezzo". Dovremmo cercare un equilibrio tra la visione mistico-sacrale delle mestruazioni e la volontà neoliberista di cancellarle del tutto dalle nostre vite, volontà che ben si coniuga con l'idea che la donna *serva* a qualcosa, più che *sia* qualcuno. Un esempio di come idee un tempo considerate radicali – se non addirittura roba fricchettona o *new age* – scontrandosi con le resistenze della società abbiano contribuito a creare delle sacche di resistenza è il successo che i metodi alternativi di igiene mestruale hanno conosciuto negli ultimi anni.

Coppette mestruali, assorbenti lavabili, mutande assorbenti e spugne stanno vivendo un momento di grande popolarità. Le ragioni sono tante: il risparmio di denaro, la praticità, la coscienza ecologica. Ma la cosa a mio parere più sorprendente di questi dispositivi è che si sono diffusi sulla base di una condivisione collettiva del sapere di singole donne che per prime hanno compiuto una scelta radicale per se stesse. Rivendicare l'autonomia sulla propria igiene mestruale significa rivendicare il controllo sul proprio corpo. Per questo maneggiare strumenti alternativi e riutilizzabili potenzialmente all'infinito come la coppetta mestruale significa emanciparsi dall'acquisto dei tamponi e degli assorbenti usa e getta, e dal controllo delle aziende che li producono. Intorno all'uso di questi metodi di igiene mestruale alternativi si creano dei fenomeni interessanti: delle comunità virtuali di donne che si aiutano l'un l'altra, consigliando questo o quel modello, spiegando con pazienza come inserire o estrarre la coppetta o come produrre in casa assorbenti lavabili, trasmettendo un patrimonio di conoscenze ed esperienze che somiglia molto a un grande processo di autocoscienza. Molte donne che passano alla coppetta o ad altri metodi si sentono più libere: non solo nello svolgimento delle attività quotidiane, ma anche libere dalla schiavitù dell'assorbente, libere dal controllo del sistema capitalistico dei loro bisogni di base. Negli anni Sessanta, come racconta Helen Hester in *Xenofemminismo*,[58] le femministe crearono un dispositivo per la suzione del rivestimento endometriale attraverso una siringa e un tubo flessibile inserito nella cervice, il Del-Em. Il Del-Em aveva due funzioni: quella di strumento per aspirare il sangue mestruale e quella di strumento per praticare aborti "clandestini". Le virgolette sono necessarie, dal momento che parliamo di una procedura che a quel tempo era illegale, pertanto ogni aborto era clandestino.[59] Il Del-Em, purché brevettato dalla sua ideatrice Lorraine Rothman, era una sorta di tecnologia *open source* non commerciale, a disposizione di tutte le donne nell'ottica del *self-help*. Questo dispositivo assolveva alla sua funzione solo grazie alla trasmissione collettiva di un *know-how* che è molto simile a quello che avviene oggi nelle comunità delle coppette mestruali. Il fine (anche se nel caso delle coppette mestruali si tratta di un fine spesso inconsapevole) è quello di sottrarsi dal controllo del corpo, dalla dipendenza da un'autorità: quella medica e dello Stato nel caso dell'aborto, quella capitalistica nel caso dei prodotti di igiene mestruale. E non è un

[58] H. Hester, *Xenofemminismo*, Nero, Roma 2018, pp. 82-95.
[59] Risale al 1973 la sentenza Roe vs. Wade, con cui la Corte suprema degli Stati Uniti sancì, estendendo il diritto di privacy alla decisione di interrompere la gravidanza, l'incostituzionalità delle leggi che proibiscono l'aborto.

caso che il Del-Em fosse *anche* un dispositivo di igiene mestruale.

La cultura mestruale è un sapere alternativo come alternativi sono i saperi delle donne. Sono informazioni che non si trovano sui libri, perché sono ignorate dalla cultura ufficiale, non sono degne di stare con le cose importanti. Vivono nascoste alla vista degli altri, come il sangue mestruale. Le donne attingono le informazioni sul ciclo dalle altre donne: da mamme, sorelle maggiori, nonne, zie che le bisbigliano senza farsi sentire dagli uomini della famiglia. Spesso sono informazioni obsolete, imprecise, intrise di "saggezza popolare". Per secoli questa è stata la nostra cultura, la cultura che ci ha rese scaltre nel nascondere il nostro sangue – nascondere la prova materiale della nostra differenza. Mi ha colpito molto leggere la badessa Eloisa, vissuta attorno all'anno Mille, che chiede ad Abelardo come gestire la tonaca durante le mestruazioni. È, a mio parere, la dimostrazione che è lei la vera autrice delle sue lettere nell'epistolario e non, come sostengono alcuni studiosi, il solo Abelardo. Un uomo – un professore universitario, un religioso, un filosofo – non parlerebbe mai di mestruazioni.

E il motivo è semplice: i saperi delle donne, da sempre escluse dalla cultura ufficiale, sono ritenuti inutili. La cultura femminile, così legata alla dimensione domestica e corporale, è sempre stata associata al folklore o all'esoterismo, ostracizzata, considerata lontana dall'illuminismo della cultura, per così dire, autorizzata. È un pregiudizio che ci trasciniamo ancora oggi, nonostante ci sembri di aver fatto molti passi avanti. Ancora oggi su internet è pieno di persone che ridicolizzano le donne che usano la coppetta mestruale, accusandole di essere delle "esaltate", delle "nazifemministe", delle "estremiste". Questo perché decidono di sottrarsi al controllo mestruale, di scegliere una via alternativa – che, tra l'altro, la scienza sta confermando essere sicura ed efficace – e di condividere con le altre donne il loro percorso. Ma questo scambio di saperi che avviene sotto i radar della cultura ufficiale è subito percepito come una minaccia, quasi un *bug* di sistema.

L'autocoscienza è sempre stata un mezzo per le donne, non solo per definire una coscienza per se stesse, ma anche per trasmetterla agli altri. Per veicolare all'esterno, partendo dall'interno, un segno tangibile della propria esistenza. Quella che ora mi sento di poter chiamare "coscienza mestruale" è un percorso che in molte ancora preferiscono non intraprendere. Sono convinta che il motivo sia lo stigma dovuto all'assenza del sangue mestruale non soltanto nel nostro immaginario, ma nell'intera cultura. Allo stesso tempo riconosco quanto sia difficile fare una fenomenologia universale delle mestruazioni, perché ognuna le vive in modo diverso. Ed è giusto così: ogni corpo ha le sue dinamiche, le sue differenze, i suoi desideri. Ma è proprio in questo che sta la natura politica del sangue mestruale: uguale nella forma, ma diverso nella sostanza. Il mio auspicio è che ognuna di noi cominci a riflettere sul valore che ha per lei e per il resto della società questo sangue; quali sono i conflitti, le politiche e i tabù che lo attraversano.

Capitolo 6

Una buona eroina è un'eroina morta

La donna perfetta è quella morta. Mi sono ritrovata a pensarlo molte volte. Da morte siamo tutte ottime madri, compagne, figlie, sorelle. Instancabili lavoratrici, colleghe esemplari. Ci raccontano così i giornali, le televisioni, a volte persino le fiction che vengono realizzate sulle nostre vite. Non sono solo le vicine di casa intervistate dal TG all'ora di cena a dirlo. Sono anche i giornalisti, che nel riportare i vari casi di femminicidio – 151 nel 2018, uccise nell'80,5% dei casi da un partner, attuale o ex, da un familiare o da un conoscente[60] – non possono limitarsi alla cronaca, ma a volte aggiungono (o si inventano) dettagli da romanzo Harmony, magari corredando l'articolo di una bella foto della donna uccisa abbracciata all'assassino.

Il corpo della donna morta riveste, nell'ordine simbolico, una grandissima importanza. Si potrebbe dire che è un archetipo che agisce nell'inconscio collettivo, che ha forgiato la nostra storia al pari o forse più di tanti altri archetipi. Quando non è sessualizzato, il corpo femminile è il corpo del dolore e della sofferenza, della *Mater dolorosa* cattolica, immagine che trova la sua com-

[60] Istat, "Le vittime di omicidio", www.istat.it, 15 novembre 2018.

piutezza (anche estetica) nel corpo morto. L'esperienza femminile è spesso caratterizzata dal dolore fisico che le mestruazioni, il parto e molte altre condizioni ed esperienze portano con sé. Come abbiamo già visto nel capitolo precedente nel caso del sangue mestruale, spesso il dolore delle donne viene estremizzato e strumentalizzato. Da un lato, ci si aspetta che le donne accettino il dolore come una conseguenza imprescindibile della loro "natura", dall'altro la società le spinge a negare la dimensione della sofferenza fisica in nome della produttività a ogni costo. Fatto sta che questo binomio donna-dolore è uno dei tratti costitutivi dei ruoli di genere, che ha reso altrettanto scontato che la morte della donna, soprattutto se violenta, sia un fatto inevitabile e naturale. Scrive in proposito Francesca Serra:

> L'omicidio femminile non è un evento fortuito, tanto meno occasionale. Ma un mito fondativo della nostra cultura. Provate a levare di mezzo tutte le donne nude. Provate a cancellare tutte le donne morte. Cosa rimarrebbe della nostra letteratura? Dei nostri riferimenti iconografici? Del nostro sistema culturale? Qualcosa di insensato e illeggibile. Come se si togliesse il cavallo a un monumento equestre, che cadrebbe a terra per non sapere più su cosa poggiare.[61]

Boccaccio, nell'ottava novella della V giornata del *Decameron*, narra con gusto sadico il supplizio che tocca a una donna per aver rifiutato Guido degli Anastagi: ogni venerdì viene inseguita dal fantasma di Guido accompa-

[61] F. Serra, *La morte ci fa belle*, Bollati Boringhieri, Torino 2013, p.105.

gnato da due mastini che la stanano, perché il cavaliere possa squartarla e dare il suo cuore in pasto ai cani. Il nome della donna non lo conosciamo, non è nemmeno necessario. In compenso conosciamo quello di suo padre. Se togliamo di mezzo le donne morte dovremmo cancellare tre quarti della letteratura e dell'arte: Shakespeare, *Madame Bovary*, i racconti di Edgar Allan Poe, che scriveva: «Non c'è niente di più poetico al mondo della morte di una bella donna». Ovviamente questo archetipo è sopravvissuto fino a oggi: nel linguaggio del fumetto si parla di "donna nel frigorifero", o *fridging*, quando un personaggio femminile muore solo perché possa crearsi un pretesto per far avanzare la storia, in particolare affinché l'eroe maschile la possa vendicare. Il termine fu coniato dalla fumettista Gail Simone nel 1999 e prende il nome da un episodio di *Lanterna Verde* in cui la ragazza del protagonista viene uccisa e il suo cadavere nascosto nel frigorifero. Simone aprì un sito di discussione sulla rappresentazione delle donne nei fumetti, intitolato proprio "Women in Refrigerators", dove ancora oggi è possibile leggere la lista dei 99 personaggi "uccisi" a favore di trama.[62] L'espediente narrativo è però andato ben al di là dell'universo dei *comics*: pensiamo alla moglie di Dom in *Inception*, a Vanessa in *Deadpool 2* (personaggio a cui ci eravamo affezionati nel primo film), al destino di svariate Bond girl, o anche al finale di *How I Met Your Mother*. Non si tratta certamente di un'invenzione moderna: possiamo dire che Beatrice è la madre putativa di tutte le donne nel frigorifero.

[62] "Women in Refrigerators: character list", www.lby3.com.

Il mito della donna ammazzata è così importante nella nostra cultura che la Chiesa ci ha anche fabbricato un prototipo di morta perfetta: Maria Goretti, che muore a undici anni in seguito a un tentato stupro, dopo che il suo giovane assassino l'ha colpita con un punteruolo, provocandole una setticemia. All'epoca l'omicidio di una giovane donna che oppone resistenza a una violenza non è nulla di insolito o di eccezionale. La morte di Maria in effetti è passata praticamente inosservata per quasi trent'anni, se escludiamo qualche articolo di cronaca locale, fino a quando, nel 1929, padre Verticchio ne ha scritto una fantasiosa biografia, descrivendo questa bambina come una santa e storpiando la realtà in mitologia o, ancora meglio, in propaganda. È nel libro di Verticchio che la morte di Maria Goretti diventa l'estremo sacrificio della sua verginità – poi confermato dalle inattendibili parole del colpevole, una volta scarcerato. Si dice che Maria prima della tentata violenza abbia detto: «Dio non lo vuole», per poi perdonare chi l'aveva aggredita con l'ultimo alito di vita. Questa frase è degna di nota perché non attribuisce la forza del rifiuto a Maria stessa, ma a un'entità altra che ha deciso per lei che quello non era il momento di "perdere la sua innocenza". Non le viene nemmeno attribuita la scelta di resistere. Maria che, da bambina qual era, nell'iconografia cattolica diventa adolescente, è la morta ideale: si spegne nella purezza, nell'onorabilità, nel perdono e nel sacrificio di sé – virtù più femminile che cristiana. E si badi bene: non è un sacrificio "stoico", dettato dalla propria volontà, ma un sacrificio subìto, voluto da Dio. Ma, soprattutto, Maria muore come la sua omonima, vergine e illibata, accettando di non vivere piuttosto che vivere nel peccato.

È interessante notare come il mito di santa Maria Goretti sia nato e si sia consolidato durante il Ventennio, quando al Fascismo serviva un modello di remissività e subalternità totali per le donne italiane. Nello stesso anno in cui padre Aurelio Verticchio pubblica la sua biografia, intitolata *La s. Agnese del secolo XX. S. Maria Goretti martire della purità*, vengono infatti firmati i Patti lateranensi: una Chiesa desiderosa di riabilitare la propria immagine e un regime deciso a dare un'impronta religiosa alla nazione trovano nella storia di questa bambina, morta per violenza di genere, la perfetta comunione d'intenti. Così, sul corpo di una donna, si suggella per l'ennesima volta un patto anzitutto politico, perfettamente adatto per portare avanti il sistema eteronormativo.

Questa struttura ricorsiva del femminicidio è così pervasiva nella nostra società che ancora oggi non ce ne siamo liberati. Non solo le donne continuano a essere uccise per mano di uomini che le considerano una proprietà o una merce che non può essere loro sottratta, ma la società si aspetta anche che muoiano nel modo giusto, e cioè come santa Maria Goretti: innocenti anche dopo la morte. Se il marito ammazza la moglie ecco che si scava subito nel passato di lei, per capire se magari l'ha tradito, se è venuta meno ai suoi "doveri coniugali", se faceva cose che le donne perbene non fanno. Anche se a strangolarci e buttarci in un fosso è stato qualcun altro, ci sarà sempre qualcuno che ci addita come le prime responsabili della nostra morte. Elisa Pomarelli, una ragazza di 28 anni di Piacenza è stata uccisa nel settembre 2019 da Massimo Sebastiani, un collega. "Un gigante buono", titola «Il Giornale», «una storia al confine dei sentimenti».[63] «Una persona di animo semplice», mossa da «un amore malato, morboso e non corrisposto», scrive «La Repubblica».[64] Gli articoli si somigliano: il tono è melodrammatico, romanzesco, d'effetto. Lui la ama, e la ama *troppo*. Si può essere colpevoli di provare dei sentimenti troppo profondi? Invece non ricambiarli è considerata una colpa, soprattutto dopo che sono stati manifestati in modo così chiaro, e quindi Elisa viene punita perché non ha voluto stare con lui come amante, ma ha continuato a frequentarlo solo come amico. I giornali scrivono che lei non l'ha accettato. L'accettazione è un atto passivo, la si subisce. Esattamente come la morte. Nelle storie di femminicidio che sentiamo quotidianamente c'è una dinamica sempre uguale a se stessa: un uomo violento, geloso e possessivo non tollera che una donna agisca secondo la propria volontà. Non tollera che lei lo rifiuti, lo lasci, lo tradisca, chieda la separazione, si rifaccia una vita. Questo schema di pensiero si ripete anche nella concezione comune con cui ci spieghiamo un omicidio, cioè con l'idea che se una donna si comporta bene, fa ciò che ci si aspetta da lei, allora non le capiterà mai niente di male. È lo stesso ragionamento che sostiene il *victim blaming*, la pratica di

[63] L. Fazzo, "Il gigante buono e quell'amore non corrisposto", «Il Giornale», www.ilgiornale.it, 8 settembre 2019.
[64] V. Varesi, "Un'ossessione per Elisa, Sebastiani confessa l'omicidio e piange", «La Repubblica», www.repubblica.it, 8 settembre 2019.

incolpare la vittima per qualcosa che è stato commesso a suo danno. Nel 2019, per la prima volta, l'ISTAT ha condotto un sondaggio per indagare non soltanto quante violenze e femminicidi si consumano nel nostro Paese, ma anche quali siano i pensieri degli italiani a riguardo.[65] È emerso, senza troppa sorpresa, che il 24% dei nostri connazionali pensa che le donne possano provocare la violenza sessuale con il loro modo di vestire. Quasi il 40% pensa che, se una donna lo vuole davvero, è in grado di sottrarsi a un rapporto non consensuale. Il 15% crede che se una donna subisce uno stupro quando è ubriaca o drogata sia in parte responsabile. Questa indagine è importante non solo per i numeri a cui ci mette di fronte, ma anche perché per la prima volta quantifica un problema di tipo culturale. Le reazioni indignate dei giornali che hanno riportato queste cifre si mal conciliano con il modo in cui quegli stessi giornali raccontano le violenze subite dalle donne.

Susan Brownmiller nel 1975 scrisse un saggio molto importante intitolato *Contro la nostra volontà*,[66] inserito dalla New York Public Library nella lista dei libri più influenti del secolo scorso.[67] Brownmiller parla dello stupro non come di un evento eccezionale o di un caso di cronaca isolato che si ripete di tanto in tanto, ma di un fattore culturale e pervasivo. Non solo ogni volta che si verifica un abuso sessuale comincia un processo

[65] ISTAT, "Gli stereotipi sui ruoli di genere e l'immagine sociale della violenza sessuale", www.istat.it, 25 novembre 2019.

[66] S. Brownmiller, *Contro la nostra volontà*, Bompiani, Milano 1976.

[67] E. Diefendorf, (a cura di), *The New York Public Library's books of the century*, Oxford University Press, Oxford 1996.

di colpevolizzazione della vittima come quello a cui ho appena accennato, ma l'evento dello stupro viene normalizzato e accettato come qualcosa di inevitabile. Il processo di normalizzazione avviene perché la violenza di genere viene considerata un fatto naturale e, come sempre quando si chiama in causa la natura, lo si fa per sancire una volta per tutte che qualcosa è così *perché è così*, e non c'è modo di modificare la situazione. Per questo nell'ambito dello stupro si parla di istinto sessuale, oppure nell'ambito del femminicidio (che Brownmiller reputa la forma peggiore e più crudele di stupro) si parla di raptus – il gesto incontrollabile e irrazionale (quindi naturale) per eccellenza. Fino al 1996 il nostro Codice penale non parlava di violenza sessuale, ma di violenza carnale e di "atti di libidine". La libidine, così come l'ha definita Freud, è la pulsione sessuale incontrollata, un'energia incontenibile. Così come era formulato questo articolo del codice inquadrava la violenza nella pura dimensione istintuale, e quindi naturale. Oggi questa definizione è stata superata parzialmente a livello giuridico (grazie a una lunga battaglia delle femministe), ma fa ancora parte del nostro immaginario. Non solo la maggior parte delle persone associa la dinamica della violenza sessuale alla classica aggressione di un "maniaco in un vicolo buio" – guardando i dati, si evince che queste circostanze siano minoritarie visto che la stragrande maggioranza degli abusi è compiuta dal partner o dall'ex partner – ma fa proprio fatica a scindere lo stupro dalla mera dimensione sessuale e quindi fisica, senza tenere conto delle dinamiche di potere, prevaricazione e sopraffazione.

Questa stessa gabbia mentale è evidente anche nelle reazioni dell'opinione pubblica ai casi di violenza sessuale. Sebbene lo stupro e il femminicidio siano normalizzati, si tratta comunque di eventi che colpiscono il nostro immaginario andando a toccare delle corde molto istintive, che provocano reazioni "di pancia" nelle persone. Ovviamente non tutti i casi sono uguali: abbiamo detto che la cultura dello stupro tende a colpevolizzare la vittima, ma alcune volte le attenzioni si accaniscono sul colpevole. Possono essere molte le varianti in gioco: un'eccessiva spettacolarizzazione della notizia, la nazionalità non italiana dell'aggressore o il fenomeno della *Missing white woman syndrome*, ovvero un'isteria mediatica che riguarda la copertura esasperata e morbosa della vita personale delle vittime, specialmente se giovani donne bianche, borghesi e innocenti (basti pensare ai casi di Yara Gambirasio o di Sarah Scazzi). Scorrendo i commenti su Facebook sotto un link a un articolo su uno stupro, sicuramente qualcuno invocherà la castrazione chimica. Posto che la castrazione chimica non solo è in contrasto con la nostra Costituzione, ma non corrisponde nemmeno a quello che la maggior parte delle persone pensa che sia (si tratta infatti di una terapia reversibile che si deve assumere con continuità per un lungo periodo di tempo), la "tipica" invocazione a questa punizione riflette in modo molto eloquente quanto ancora leghiamo la violenza all'organo sessuale con cui viene commessa e non all'esercizio di potere e possesso che la nostra società accetta come una sorta di incidente.

Non potremmo pensare che lo stupro sia qualcosa di "normale" se non ci fosse tutta una cultura che lo giustifica, lo minimizza se non lo incoraggia. E la cultura, a differenza della natura, è creata e modellata dall'uomo, lo stesso soggetto che ha il potere di cambiarla. Secondo Brownmiller questa cultura si alimenta tramite «un consapevole processo d'intimidazione mediante il quale tutti gli uomini mantengono tutte le donne in uno stato di paura».[68] La paura è necessaria per instaurare uno stato di dominio, e come ci insegnano tanti momenti nella storia più o meno recente, è il modo più efficace per mantenere lo *status quo*. Non sempre si manifesta con una violenza esplicita: anche un "banale" *rape joke* serve a rimarcare il potere e i ruoli all'interno della società e anzi, nascondendosi dietro una pretesa ironia, la sua gravità riesce a passare spesso inosservata. Altre volte l'intimidazione è più manifesta e infatti la minaccia o l'augurio dello stupro è ancora oggi uno dei modi più comuni per insultare una donna. Pensiamo a Laura Boldrini, a Carola Rackete, a Alexandria Ocasio-Cortez negli Stati Uniti o a tante altre donne comuni, sulle quali parole d'odio sono versate loro addosso quotidianamente. Tra queste c'è sempre lo stupro, che viene evocato come forma di punizione o addirittura di "educazione" della donna. La ragione è semplice: lo stupro (e la sua forma estrema, il femminicidio) è l'atto passivo per eccellenza, è qualcosa che viene commesso contro la nostra volontà. Nel subire un abuso, non possiamo – o come sostiene il 40% degli italiani non vogliamo – sottrarci, e poiché la cultura dello stupro lo normalizza, questo assunto si trasforma nella più generale convinzione che per la don-

[68] S. Brownmiller, *op. cit.*, p. 13.

na qualsiasi atto sessuale, anche quello consensuale, sia passivo. La conseguenza di questa forma mentale è la credenza per cui sono le donne che agiscono secondo la propria volontà a meritarsi la violenza di genere: le donne che si mettono la minigonna, quelle che lasciano il marito, quelle che si ubriacano, quelle che si stancano di essere solo delle madri, quelle che tornano a casa da sole di notte. A volte basta anche solo essere delle donne scomode, socialmente o politicamente. Pensiamo al caso più emblematico di tutti: Franca Rame, stuprata per punizione dai fascisti per il suo attivismo politico.

In quest'ottica lo stupro e la violenza maschile sono un modo per mantenere un ordine sociale basato sul potere patriarcale ed eteronormativo, in cui le donne sono inferiori e fisicamente deboli, e gli uomini detengono un potere che possono esercitare come e quando vogliono. Magari non lo fanno, ma potrebbero. E così le donne tornano a casa sole la sera tenendo le chiavi fra le dita a mo' di tirapugni. Anche le narrazioni sulla violenza maschile fatte con superficialità sono strumentali allo scopo della cultura dello stupro, anziché cercare di reprimerla. In occasioni come l'8 marzo, Giornata internazionale della donna, e il 25 novembre, Giornata internazionale per l'eliminazione della violenza contro le donne, i discorsi condotti sulla violenza di genere a volte contribuiscono ad alimentare la cultura dello stupro. Seppur animati da buone intenzioni, i discorsi *mainstream* falliscono per due ragioni: la prima è che si rifiutano di riconoscere la natura strutturale e culturale della violenza e la seconda è che tendono a vittimizzare le donne come categoria universale.

Per quanto riguarda la prima delle due ragioni, è evidente come i media e le istituzioni si accaniscano sui singoli casi di violenza o femminicidio (in particolare quelli che coinvolgono donne "perbene", meglio ancora se madri o rispettabili) senza mai fornire un quadro d'insieme. La facile indignazione provocata dal sensazionalismo delle notizie, inoltre, favorisce meccanismi di colpevolizzazione ulteriore. Quante volte, infatti, ci si lamenta del fatto che le donne restino "volontariamente" in situazioni di violenza domestica oppure non denuncino il proprio partner? Ma poi raramente si dice che non è così facile andarsene di casa se, ad esempio, non si lavora (50,5% delle donne)[69] o non si dispone di redditi propri (37%),[70] oppure se ci sono solo 1,2 centri antiviolenza ogni 100mila donne.[71] Le variabili possono essere molte: non avere la possibilità di uscire di casa senza mettere in pericolo la propria vita o quella dei propri figli, non avere alcun supporto, non avere i mezzi per chiamare aiuto o per spostarsi, non essere adeguatamente informate sui percorsi di uscita dalla violenza, non conoscere l'italiano… Inoltre, sono le volontarie di questi stessi centri a sconsigliare alle donne di denunciare senza prima avere un piano o una valida rete d'appoggio, perché potrebbe essere controproducente. Con questo non voglio dire che denunciare sia inutile. Anzi,

[69] "Censis, Italia ultima in UE per l'occupazione femminile", «QuiFinanza», 21 novembre 2019.

[70] F. Amabile, "Quelle italiane senza conto corrente e senza autonomia", «La Stampa», 4 giugno 2019.

[71] M. Misiti, "I centri e i servizi antiviolenza in italia: quanti sono e come funzionano secondo l'indagine Istat-Cnr", www.cnr.it, 10 luglio 2019.

è fondamentale. Il problema però è che insistere sulla responsabilità delle donne per una mancata o tardiva denuncia è una colpevolizzazione molto grave e non tiene conto della condizione socioeconomica femminile nel nostro Paese.

Il secondo problema, connesso al primo, è l'idea che le donne siano sempre e soltanto delle vittime. Una delle raccomandazioni che si fanno ai giornalisti per una migliore narrazione della violenza di genere è quella di assumere il punto di vista delle donne. Il problema è che questo spesso si traduce nel racconto romanzato della loro vita che, anche quando non cerca di metterla in cattiva luce come fanno certe narrazioni apologetiche nei confronti di assassini e stupratori, spesso si limita a inquadrarle nell'ambito della "normalità". Si dice ad esempio che la vittima era "una donna come tante altre", che "conduceva una vita normale". Questo non significa assumere una prospettiva femminile, ma ancora una volta essere accondiscendenti nei confronti dello sguardo maschile. Abbiamo già citato il *male gaze*, il punto di vista dominante, e abbiamo già detto quanto sia difficile sottrarvisi. Ma, a maggior ragione, quando parliamo di violenza di genere è necessario assumere un altro sguardo che vada ben al di là del singolo caso di cronaca.

Bisogna valorizzare il ruolo attivo delle donne nella società, riconoscerne la presenza, dimostrarne il valore. Raccontare soprattutto le scelte compiute volontariamente. Perché quando una donna muore, in qualsiasi circostanza, i giornali specificano solo se è madre? Perché non ci dicono quasi mai altro, non ci parlano del suo lavoro, delle sue passioni o delle sue aspirazioni? La sua identità è solo quella di madre o di donna morta? Sembra che non ci sia per noi altro destino che quello delle vittime, che il nostro corpo sia degno d'attenzione solo se è erotico o se è un cadavere. Pensiamo anche alla narrazione nei media delle donne trans, di cui si parla quasi sempre solo in qualità di *sex worker*, o in quanto vittime di crimini violenti (che non vengono mai chiamati con il loro nome, cioè transfobici).

Nel 2017 la Commissione pari opportunità della FNSI, la Federazione Nazionale Stampa Italiana, con l'Unione sindacale giornalisti rai e l'associazione di giornaliste GIULIA, ha varato il Manifesto di Venezia, per il rispetto e la parità di genere nell'informazione. Nel manifesto non sono indicate soltanto le buone pratiche per parlare di femminicidio, come ad esempio evitare di parlare di "raptus" o "omicidio passionale", ma si sottolinea anche quanto, per scardinare la cultura dello stupro, sia necessario raccontare le donne come soggetti liberi, autonomi e indipendenti. «Non riconoscendosi nella cultura maschile, la donna le toglie l'illusione dell'universalità», scrivevano Carla Lonzi, Carla Accardi ed Elvira Banotti nel Manifesto di Rivolta Femminile nel 1970:[72] se la cultura maschile e patriarcale non riesce a giudicarci se non come dipendenti da un'autorità considerata come unica detentrice del potere, è distanziandoci come soggetti da quella cultura che riusciremo a emanciparci dall'idea che non esistano alternative. Per questo è importante sottrarsi alla vittimizzazione del genere femminile.

Ci sono molti modi per farlo, e non è mia intenzione proporre una soluzione che vada bene per tutte e

[72] C. Lonzi, C. Accardi, E. Banotti, *op. cit.*

per tutti i casi. Personalmente, credo che ogni soggetto oppresso – che sia una donna, una persona trans o non binaria, un gay o una lesbica o una persona con disabilità – abbia il potere e il dovere di trovare per sé (e non necessariamente per la "categoria" a cui si sente di appartenere) una narrazione alternativa a quella dominante. Non si tratta di un percorso facile, soprattutto perché spesso chi detiene il potere, quando capisce che il vecchio modello non funziona più, ne propone un altro che in apparenza sembra migliore. Ma si tratta appunto di un'alternativa proposta da qualcuno che non vuole davvero scardinare lo *status quo*, ma che ha interessi precisi. Ad esempio, una delle risposte alla vittimizzazione delle donne è la proposizione di un modello femminile di forza. I media e la cultura pop sono sempre più inclini a rappresentare e a narrare figure caratterizzate da una grande forza di volontà. Se di primo acchito può sembrare che queste narrazioni vogliano decostruire il mito della passività femminile di cui ho parlato finora, bisogna tenere presente il contesto in cui si sviluppano tali narrazioni. E il nostro contesto è quello di una società dominata da un capitalismo predatorio che premia l'ideologia della competizione e dell'individualismo. Come ogni ideologia, anche il capitalismo finanziario ha bisogno dell'esaltazione dei valori che lo sostengono attraverso la costruzione di un mito. L'economista Mariana Mazzucato lo descrive bene nel suo saggio del 2018 *Il valore di tutto*:[73] le storie degli imprenditori "guru"

[73] M. Mazzucato, *Il valore di tutto. Chi lo produce e chi lo sottrae nell'economia globale*, Laterza, Roma-Bari 2018.

o dei geni che grazie alla propria forza e alla propria *resilienza* hanno costruito aziende "innovative" permettono di portare avanti un sistema per cui pochi fortunati individui hanno la capacità di estrarre di più dall'economia, lasciando le briciole al resto del mondo. Sebbene, come sappiamo, solo una minoranza di donne riesca ad accedere a questa élite di privilegiati (nessun *big* della Silicon Valley è donna), nella riproposizione del mito, il genere diventa quasi irrilevante. Anzi, se alla ricetta "imprenditore genio di successo" aggiungiamo anche lo "svantaggio" iniziale di essere nato del sesso meno privilegiato, allora l'efficacia della storia è ancora maggiore. Nel suo libro Mazzucato mostra in maniera puntuale e con molti esempi come questa narrazione aggressiva sia in gran parte fasulla, e come l'innovazione non sia in mano a un ristretto gruppo di uomini bianchi californiani che l'hanno capitalizzata nelle loro *start up*, ma sia il risultato di un grande sforzo collettivo.

Potrebbe sembrare un discorso poco pertinente a ciò che ci interessa, ma l'ideologia del successo, della forza e della *resilienza* è riuscita a penetrare anche nel discorso femminista, tanto che sarebbe impossibile spiegare la fama della cosiddetta "quarta ondata" del femminismo senza tenerne conto. Il modello della forza femminile è convincente e spendibile in ogni contesto: a tutti piacciono le storie a lieto fine, ancor più se riguardano soggetti considerati sfortunati o svantaggiati a priori come le minoranze. Ma questo modello ci basta? È davvero un'alternativa alla passività patriarcale?

Prima di tutto, l'ideale di "donna forte" presuppone che ne esista anche una che è il suo contrario, una donna "non forte", e cioè debole. Ma attribuendo così tanta importanza a questa caratteristica, si rischia di ricadere nello stesso meccanismo di vittimizzazione dal quale l'ideale di forza vorrebbe distaccarsi. Una donna "debole" è colpevole di non essere abbastanza forte? Una donna è "debole" se non reagisce in maniera automatica a una sopraffazione o a una violenza? Secondo questo ragionamento, il confine da qui al "se l'è cercata" è molto labile. Il secondo problema è che una tale concezione di forza rischia di annichilire o demonizzare tutte le esperienze o le emozioni negative. Un esempio di quanto possa essere tossica questa narrazione è il caso delle donne con il cancro al seno. La sociologa della medicina Gayle Sulik, nel suo blog *Pink Ribbon Blues*,[74] poi diventato un saggio, si è occupata a lungo della retorica del "fiocco rosa", che ci viene proposta ogni ottobre durante il mese della prevenzione del cancro al seno. Oltre al fatto che la malattia viene sessualizzata e femminilizzata attraverso stereotipi a volte al limite dell'offensivo – a partire proprio da quell'assunto donna=rosa che dà il nome e il tono all'iniziativa – il problema principale è la colpevolizzazione delle malate, che anche nei momenti peggiori dovrebbero sempre mostrarsi forti, esemplari e incrollabili. A ben guardare, quest'idea di forza e di sacrificio di sé non è tanto lontana da quel modello di remissività incarnato da santa Maria Goretti. Nel suo caso lei faceva la volontà di Dio, nel nostro ci si aspetta che facciamo ciò che la società richiede.

[74] G. Sulik, "I'm Not The Perfect Cancer Survivor. But I've Learned To Live With That", pinkribbonblues.org, 16 febbraio 2017.

Per come sono fatta, mi è sempre stato difficile identificarmi nello stereotipo della "donna forte". Nonostante le mie posizioni politiche e la mia perenne incazzatura nei confronti del mondo, ho un carattere abbastanza mite. Sono anche una che si fa prendere facilmente dallo sconforto e dalla paura e, per quanto mi piacciano le storie di donne risolute e audaci, faccio fatica a identificarmi con esse. Proprio per la mia incapacità di conformarmi a quest'ennesimo modello, ho spesso provato del senso di colpa, interrogandomi sul mio modo di reagire alle ingiustizie e alle oppressioni che come donna affronto quotidianamente. Spesso mi sono chiesta: sono una cattiva femminista perché quando quello sconosciuto mi ha toccata in metropolitana ho subìto anziché reagire? Sono una cattiva femminista perché non sono una superdonna che vuole farsi carico di tutti i problemi del mondo? Sono abbastanza forte per essere femminista?

Dopo molte riflessioni sono giunta a due conclusioni. La prima è che non muore nessuno se non sono una novella Emmeline Pankhurst. Il femminismo non è una gara né un gioco a premi, non c'è un modo giusto o sbagliato di essere femministi, non devo dimostrare niente a nessuno ma solo continuare a fare la mia parte per trasformare in meglio la mia vita e quella di chi mi sta attorno, al meglio delle mie capacità. La seconda conclusione è che al modello della forza preferisco quello della rabbia. Se la forza è un valore che spesso torna utile al sistema, la rabbia – il sentimento irrazionale per eccellenza – è una crepa, una falla. La rabbia è impenitente e scomoda, non piace, soprattutto quando a manifestarla sono le donne. La mitologia e la letteratura sono piene di donne arrabbiate e quindi cattive, che nel nome della rabbia fanno cose terribili (pensiamo a Medea). La rabbia è ancora peggiore se esercitata da una donna nera, tanto che non si contano le rappresentazioni stereotipiche della *angry black woman*. Scrive la femminista Roxane Gay:

> Sono una donna che dice quello che pensa, quindi spesso sono accusata di essere troppo arrabbiata. Questa accusa viene fatta perché una donna, una donna nera arrabbiata, sta causando problemi. Osa essere insoddisfatta dello *status quo*. Osa essere ascoltata.[75]

Sebbene la società tenda a colpevolizzare una rabbia che ritiene ingiustificata, le donne e i soggetti oppressi hanno tutti i diritti di essere incazzati. La rabbia può manifestarsi in molti modi, e non necessariamente attraverso la qualità della forza fisica o morale, ma anche attraverso altri mezzi che possono essere alla portata di tutti, come la resistenza, l'autodeterminazione, la solidarietà. Credo che, come sosteneva Audre Lorde, sia proprio in questa rabbia che risiede la vera forza. Non nel diventare CEO di un'azienda, nel rifiutarsi di fare cose tradizionalmente legate al genere femminile o nel vincere il primo premio di femminista più *cazzuta* della storia.

La narrazione della donna arrabbiata è un'alternativa efficace alla narrazione stereotipata della donna morta: la rabbia è azione, volontà, risposta a quell'illusione

[75] R. Gay, "Who Gets to Be Angry?", «The New York Times», 10 giugno 2016.

di universalità che il Manifesto di Rivolta Femminile chiamava in causa. La rabbia è desiderio, da cui siamo partite e dove ora arriviamo. La cultura patriarcale ci ha abituate a ragionare per estremi. «Una buona eroina è un'eroina morta», scriveva Susan Brownmiller. Secondo i canoni del sistema patriarcale, dovremmo essere contemporaneamente delle eroine – sempre pronte a prodigarsi per gli altri, perfettamente aderenti a un codice etico inattaccabile – e delle sante – inermi e inoffensive. Per secoli ci hanno tacciate di essere schiave dei nostri istinti e delle nostre passioni e, con questa scusa, ci hanno relegate a un ruolo secondario nella società, considerandoci incapaci di prendere le redini non dico del mondo, ma anche soltanto delle nostre stesse vite. Per secoli ogni nostra scelta è stata imposta da un'autorità maschile. Ogni nostra ambizione, soffocata. Le donne più scomode, quelle che si sono ribellate, sono state eliminate, sia fisicamente sia attraverso la pratica *machista* della delegittimazione, secondo cui i saperi delle donne non sono scienza, sono folklore; le arti delle donne non sono "belle", sono "applicate"; i romanzi scritti dalle donne non sono letteratura, sono rosa. Ci è stato sempre imposto di adeguarci a una visione delle cose, a un canone, a un'idea di mondo senza che mai nessuno ci abbia chiesto il nostro parere. Senza che nessuno abbia mai tenuto conto del nostro desiderio.

Caro patriarcato, le colpe che ci attribuisci non sono del nostro corpo. Hai sbagliato tutto. Non siamo arrabbiate perché abbiamo "le nostre cose", perché siamo isteriche, o perché non scopiamo abbastanza. Non sono gli "istinti misteriosi" a guidarci, né i nostri ormoni. Come diceva Simone de Beauvoir, non siamo nate donne, lo siamo diventate: se siamo arrabbiate, è perché abbiamo scelto di esserlo. Siamo arrabbiate perché le nostre vite traboccano di desiderio, un desiderio che viene costantemente represso. Così cerchiamo spazi, occasioni, una voce per esprimerlo. Caro patriarcato, ci dici in continuazione che dovremmo essere contente di come stanno le cose, che noi stiamo esagerando. Ci sono le quote rosa, i sussidi di maternità, le leggi di tutela. Ma questo non ci basta: «Vogliamo il pane, ma anche le rose». E non le chiediamo a te, ce le prendiamo da sole.

BIBLIOGRAFIA

L. Braudy, M. Cohen, *Film Theory and Criticism: Introductory Readings*, Oxford University Press, Oxford 1999

S. Brownmiller, *Contro la nostra volontà*, Bompiani, Milano 1976

A. Cavarero, F. Restaino, *Filosofie femministe*, Mondadori, Milano 2002

L. Cigarini, *La politica del desiderio*, Pratiche Editrice, Parma 1996

R. Dicker, A. Piepmeier, *A Wave: Reclaiming Feminism for the Twenty-First Century, Northeastern University Press*, Lebanon 2003

E. Diefendorf, (a cura di), *The New York Public Library's books of the century*, Oxford University Press, Oxford 1996

Eloisa e Abelardo, *Lettere*, Feltrinelli, Milano 2017

S. Firestone, A. Koedt, *Notes from the Second Year: Women's Liberation in 1970*, New York, 1970

E. Gianini Belotti, *Dalla parte delle bambine*, Feltrinelli, Milano 1973

H. Hester, *Xenofemminismo*, Nero, Roma 2018

C. Kraus, *I love Dick*, Neri Pozza, Milano 2017

C. Lonzi, C. Accardi, E. Banotti, *Manifesto di Rivolta Femminile*, Roma 1970

A. Lorde, *Sister Outsider: Essays & Speeches by Audre Lorde*, Berkeley: Crossing Press, Berkeley 2007

K. Marx, *Manoscritti economico-filosofici del '44*, Einaudi, Torino 2004

M. Mazzucato, *Il valore di tutto*, Laterza, Roma-Bari, 2018

S. Plath, *La campana di vetro*, Mondadori, Milano 2018

E. Ranelletti, *La "donna giudice" ovverosia la "grazia" contro la "giustizia*, Giuffrè, Milano 1957

S. Segre Reinach, *Un mondo di mode. Il vestire globalizzato*, Laterza, Roma-Bari 2011

F. Serra, *La morte ci fa belle*, Bollati Boringhieri, Torino 2013

R. Solnit, *Gli uomini mi spiegano le cose. Riflessioni sulla sopraffazione maschile*, Ponte alle Grazie, Milano 2017

G. Steinem, *Outrageous Acts and Everyday Rebellions*, New American Library, New York 1986

J.S. Mill, *La soggezione delle donne*, Era Nuova, Perugia 1998

The Boston Women's Health Book Collective, *Noi e il nostro corpo. Scritto dalle donne per le donne*, Feltrinelli, Milano 1974

S.L. Vostral, *Under Wraps: A History of Menstrual Hygiene Technology*, Lexington Books, Lanham 2008

N. Wolf, *Il mito della bellezza*, Mondadori, Milano 1991

S. de Beauvoir, *Il secondo sesso*, Il Saggiatore, Milano 2016

C. Hanisch, *Women of the World, Unite! Writings*, www.carolhanisch.org, 1969

The Eve Appeal, eveappeal.org.uk

Parlamento europeo, "Policies for Sexuality Education in the European Union", www.europarl.europa.eu, gennaio 2013

La Santa Sede, Esortazione apostolica postsinodale "Amor Letitia", w2.vatican.va, 11 agosto 2018

K. Marx, *Manoscritti economico-filosofici del 1844*, www.marxists.org, dicembre 2007

C. Lonzi, C. Accardi, E. Banotti, *Manifesto di Rivolta Femminile*, www.cicipeciciap.org, luglio 1970

C. Heldman, "The Sexy Lie: Caroline Heldman at TEDxYouth@SanDiego", www.youtube.com, 20 gennaio 2013

L. Penny, "Il mondo vuole delle donne trasparenti", «Internazionale», 11 marzo 2018

S. Kolhaktar, "The tech industry's gender-discrimination problem", www.newyorker.com, 20 novembre 2017

E. Koyama, "The Transfeminist Manifesto", lesbitches.wordpress.com, 13 luglio 2018

Oxford English Dictionary, "queer", en.oxforddictionaries.com

Treccani, "intersessualità", www.treccani.it

United Nations High Commissioner for Human Rights, *Discriminatory laws and practices and acts of violence against individuals based on their sexual orientation and gender identity*, www2.ohchr.org, 17 novembre 2011

United Nations General Assembly, *Protection against violence and discrimination based on sexual orientation and gender identity*, undocs.org, 17 luglio 2019

World Health Organization, *ICD-11 International Classification of Diseases 11th Revision*, icd.who.int

Università di Trento, "Donne e Scienza: uno sguardo oltre gli stereotipi", pressroom.unitn.it, 14 settembre 2017

BlueCross BlueShield, *The Economic Consequences of Millennial Health*, www.bcbs.com, 6 novembre 2019

False Reporting, *National Sexual Violence Resource Center*, www.nsvrc.org, 2012

A. Lorde, *Sister Outsider: Essays & Speeches*, Trad. it. di Maria Cecilia Ercoli, nonunadimenomc.wordpress.com, 30 ottobre 2018

P. Habiger, *Menstruation, Menstrual Hygiene and Woman's Health in Ancient Egypt, Museum of Menstruation*, www.mum.org, 1989

Istat, "Le vittime di omicidio", www.istat.it/it, 15 novembre 2018

"Women in refrigerators: character list", www.lby3.com

L. Fazzo, "Il gigante buono e quell'amore non corrisposto", www.ilgiornale.it, 8 settembre 2019

V. Varesi, "Un'ossessione per Elisa, Sebastiani confessa l'omicidio e piange", www.repubblica.it, 8 settembre 2019

Istat, "Gli stereotipi sui ruoli di genere e l'immagine sociale della violenza sessuale", www.istat.it, 25 novembre 2019

M. Misiti,"I centri e i servizi antiviolenza in italia: quanti sono e come funzionano secondo l'indagine Istat-Cnr", www.cnr.it, 10 luglio 2019

G. Sulik, "I'm Not The Perfect Cancer Survivor. But I've Learned To Live With That", pinkribbonblues.org, 16 febbraio 2017

TLON

Le EDIZIONI TLON nascono dall'esigenza di mettere al mondo libri come gradini su cui salire, maniglie da afferrare, vele da spiegare e briciole da spargere. Ne fanno parte ANDREA COLAMEDICI, editore, MAURA GANCITANO, editrice, NICOLA BONIMELLI, direttore commerciale, CATERINA DI PAOLO, coordinatrice editoriale, MATTEO TREVISANI, editor, MARCO CARASSAI, redattore, MARIA ELENA MARROCCO, redattrice, TIZIANO CANCELLI, redattore, CATERINA FERRANTE, grafica, ANTONIO SCHIENA, comunicazione social, GIULIA DE PAOLI, responsabile ecommerce, ANNALISA RUBINO, ufficio stampa, MICHELE TRIONFERA, direttore librerie Tlon.

www.tlon.it
commerciale@tlon.it

FACEBOOK: Edizioni Tlon
INSTAGRAM: @edizionitlon
LINKEDIN: Edizioni Tlon

REDAZIONE
Via del Porto fluviale 3d, 00154 Roma
Tel. 06 92098128

LIBRERIA
Via Federico Nansen 14-16, 00154 Roma
Tel. 06 45653446

FSC
MISTO
Carta
FSC® C113203

VI edizione: dicembre 2021

Finito di stampare nel mese di dicembre 2021
presso Lineagrafica srl, Città di Castello (PG)
per conto di Edizioni Tlon